NARRATORI MODERNI

Di Andrea Vitali in edizione Garzanti:

Una finestra vistalago
La signorina Tecla Manzi
Un amore di zitella
La figlia del podestà
Il procuratore
Olive comprese
Il segreto di Ortelia
La modista
Dopo lunga e penosa malattia
Almeno il cappello
Pianoforte vendesi
La mamma del sole
Il meccanico Landru
La leggenda del morto contento
Zia Antonia sapeva di menta
Galeotto fu il collier
Regalo di nozze
Un bel sogno d'amore
Di Ilde ce n'è una sola
Quattro sberle benedette
Biglietto, signorina
La ruga del cretino (con Massimo Picozzi)
Le belle Cece
La verità della suora storta
Le mele di Kafka
Viva più che mai
A cantare fu il cane
Bello, elegante e con la fede al dito
Nome d'arte Doris Brilli. I casi del maresciallo Ernesto Maccadò
Gli ultimi passi del Sindacone
Certe fortune. I casi del maresciallo Ernesto Maccadò
Sotto un cielo sempre azzurro
Un uomo in mutande. I casi del maresciallo Ernesto Maccadò
Nessuno scrive al Federale. I casi del maresciallo Ernesto Maccadò
La Zia Ciabatta
Un bello scherzo. I casi del maresciallo Ernesto Maccadò
Furto di luna (solo ebook)
Parola di cadavere (solo ebook)
Il rumore del Natale (solo ebook)
Seguendo la stella (solo ebook)
Addio bocce (solo ebook)
Il sapore del Natale (solo ebook)

ANDREA VITALI

LA GITA IN BARCHETTA

Garzanti

Prima edizione: ottobre 2021

Per essere informato sulle novità del Gruppo editoriale Mauri Spagnol visita:
www.illibraio.it

ISBN 978-88-11-81892-2

Printed in Italy

www.garzanti.it

LA GITA IN BARCHETTA

I personaggi e le situazioni raccontati in questo romanzo sono frutto di fantasia. I luoghi, invece, sono reali.

PROLOGO

Fu il naso fino di Spinetta Buboli a entrare in allarme nella tarda mattinata di martedì 15 gennaio 1963. Giornata di vento, come succedeva da un po' di tempo, ma vento strano, un mezzo föhn, non di stagione, insomma.

D'altronde passava davanti alla calzoleria, se ancora la si poteva chiamare così, almeno otto volte al giorno: quando andava alla messa del mattino, quando andava a prendere il pane, quando, più tardi, andava a prendere un quartino di vino, rosso, consigliato dal dottore per l'anemia, al Circolo dei lavoratori. Infine al pomeriggio, quando andava al rosario delle quattro.

Tra andare e tornare appunto otto volte.

Ma era il minimo quotidiano.

Sola com'era non perdeva occasione per uscire, soprattutto quando sentiva suonare le note dell'agonia. Le notizie sui morti freschi le facevano più gola del pesce in carpione.

Quella mattina sbaragliò la concorrenza di coloro che aspettavano il proprio turno nella sala d'attesa dell'ambulatorio del dottor Lonati, affermando che si trattava di cosa urgente.

Il Lonati ne riconobbe la voce fessa, da gabbiano irritato. Colse un paio di parole più acute nello stridio del tono: «scusèm» e «grave».

«Cosa c'è?» chiese quando si trovò davanti la Spinetta, seria come un ambasciatore.

«Per me è morto», rispose la donna.

«Morto?» ribatté il Lonati.

«Morto, morto», ripeté la Spinetta toccandosi la punta del naso. «C'è puzza di marcio, di cadavere.»

«Se mi usasse la cortesia di dirmi a chi si riferisce...» sospirò il Lonati.

Il tono non dovette suonare molto convinto alle orecchie della Buboli.

«Certo», rispose lei con un'impennata della voce. «Ma guardi che so quello che dico!»

Perché già al mattino presto, quando era uscita per la messa, le era sembrato di sentire quell'odore, una scuffia di vento gliel'aveva portato nel naso. Però, va be', era freddo, poteva sbagliare, mica era un cane da caccia. Tornando a casa aveva annusato un po' di più. Ma, aveva pensato, poteva trattarsi di un gatto morto o di qualche topo, morto anche lui, per via che c'era il lago basso e ne aveva già visto più di uno girellare per la contrada come se niente fosse.

A casa poi, facendo i mestieri, non se n'era più preoccupata.

Ma, dopo!

Quando era uscita a prendere il pane, sia all'andata sia al ritorno!

Che odore!

Non si poteva sbagliare.

Di marcio appunto, di cadavere!

S'era fermata un momento, giusto per capire se qualcun altro lì in giro l'avesse sentito.

Magari il formagiàt che aveva la bottega due passi in là o quel disgraziato dell'Enea Palèta che abitava lì di fronte e dormiva con la finestra aperta anche se era inverno.

Avrebbe potuto chiedere a qualcuno, lo sapeva, ma...

«No.»

Nossignore, mica voleva che la prendessero per esaltata o per ficcanaso o che le dessero del menavia.

Quindi aveva deciso di andarlo a dire a una delle poche persone di cui si fidava lì in paese, perché per lei era proprio odore di morto, di cadavere.

«D'accordo», si arrese il dottor Lonati.

Ma era ancora in attesa di sapere il nome e il cognome del fortunato... cioè, insomma, del morto.

«Ossignur, ma non gliel'ho mica detto?» sbottò la Spinetta, una mano sulla bocca.

«Se glielo chiedo...»

«Mi scusi, faccio subito.»

«Gentile...» ridacchiò il Lonati.

Poi apprese che si trattava dell'Annibale Carretta.

«Lo sa chi è, no?»

PRIMA PARTE

1.

I

Annibale Carretta era nato strusciatore di donne. La mano morta, confuso in qualunque folla, era stato l'emblema della sua vita, quasi una ragione della stessa.

All'età di sedici anni aveva patito la prima, vera conseguenza del suo vizio. Fu quando riportò la frattura di quattro coste per la spinta che Seminella Prati, moglie del gestore del Circolo dei lavoratori, gli diede dopo che lui, sgusciato dietro il bancone dove era chinata per prendere un bottiglione di manduria rinforzato, le aveva posto una mano sulle natiche. La donna s'era levata di scatto e aveva lasciato partire un formidabile cazzotto, colpendo il Carretta, anziché sul muso come era sua intenzione, sul torace. Poco più di un anno più tardi, invece, il grugno del giovane, con conseguente frattura del setto nasale, era stato centrato da Fringio Pistolesi con una botta della mano usata a mo' di badile anziché stretta a pugno. Era accaduto la notte di vigilia dell'Epifania, durante la sfilata del corteo dei Re Magi. Approfittando della ressa che riempiva le contrade, il Carretta se l'era spassata toccando qua e là e poi dileguandosi fino a che, in via Manzoni, all'altezza dell'ex scuola di ballo del conte Attilio Regola, mentre per l'ennesima volta allungava la mano verso un deretano femminile, era stato ingannato da un rapido cambio di posizione tra Virna Pistolesi e il fratello Fringio, manovale. Costui, sentendosi brancicare con passione, s'era girato e gli aveva menato il colpo dal quale il naso del Carretta non si sarebbe più ripreso, trasformandosi in una sorta di gibbosa patata e dotato di un fischio che ne usciva talvolta, specie nella stagione fredda. Episodi di minor conto, quali qualche calcio nel culo o un paio di sganassoni, avevano costellato e inframmezzato quelli maggiori.

Ma verso la fine del 1924 era avvenuto un fatto che aveva dato alla situazione del Carretta tutt'altro risalto.

Nel novembre di quell'anno, il diciottenne Annibale s'era aggregato a una compagnia di spensierati giovanotti diretti a Lecco, presso la casa di tolleranza. Vi era stato ammesso per la pena che Eumeo Carretta, padre del nostro, aveva evocato nel capogruppo dei gaudenti. Col suo lavoro di ciabattino il pover'uomo, vedovo, alzava denaro «a pena» sufficiente per mantenere sé e la disgrazia che aveva nome di figlio. Ben altra situazione familiare avrebbe avuto se l'Annibale si fosse trovato un impiego ancorché misero. La stagnante fama che lo circondava però non aveva giocato a suo favore. In poche parole, i tentativi del genitore di piazzarlo come apprendista di qualche arte o garzone di qualche bottega avevano sempre ricevuto stringati rifiuti.

Tenerlo in bottega con sé, quella avrebbe potuto essere la soluzione. Ma era certo che così facendo non avrebbe ottenuto altro risultato che allontanare la clientela, già scarsa e pitocca, giocandosi la sopravvivenza.

Così il vecchio aveva pensato che magari ponendo l'Annibale a contatto con una donna tutta intera certe malsane idee l'avrebbero abbandonato.

S'era illuso.

A distanza di circa un quarto d'ora da quando il giovane s'era chiuso la porta della camera alle spalle, la signorina era uscita strepitando e chiedendo a gran voce che razza di pervertito le avessero assegnato. La ragazza indossava ancora la voile trasparente, né il Carretta s'era spogliato nonostante le sue insistenze. Piuttosto aveva assunto l'atteggiamento di un cane sulle piste di chissà quale preda. All'accorrere della maîtresse l'Annibale s'era presentato seduto sul letto, rannicchiato e inebetito, incapace di reagire e obbedire all'ordine, «Fuori di qua!», mormorato dal donnone.

Ci aveva pensato il camerata lecchese Giovannone Stupari, habitué della maison. Di modi spicci e dalla presa forte, aveva stretto il Carretta per la coppa, chiedendo alla maîtresse cosa ne volesse fare.

Cacciarlo insieme con la compagnia con la quale era giunto avrebbe significato perdere un discreto numero di marchette, aveva ragionato tra sé la conduttrice. Così tra i due s'era deciso di chiuderlo per il momento in uno sgabuzzino dentro il quale l'Annibale s'era addormentato ed era stato dimenticato dai compari che dopo aver goduto s'erano trasferiti in un'osteria.

L'aveva trovato la mattina seguente, poco prima delle sei, ancora addormentato, la donna delle pulizie, certa Linguina, che ne aveva riportato uno spavento tale da condurla a svenimento non prima di aver lanciato un grido talmente acuto che aveva richiamato un passante. Costui a sua volta, presa visione dell'accaduto e sospettando un'azione criminosa, aveva bloccato il Carretta e poi, grazie alla Linguina che nel frattempo aveva ripreso i sensi, fatto intervenire la forza pubblica.

Per accertare l'accaduto l'Annibale era stato condotto presso la tenenza di Lecco. Chiarito che non ci fosse di che procedere, l'appuntato Vinazzoli, cui era stato affidato il caso, aveva però intuito nel carattere del Carretta i tratti dell'ozioso e debosciato. L'aveva lasciato andare ma con una relazione chiusa in busta da consegnare al maresciallo Depetri, comandante della caserma bellanese, e la precisa richiesta di avere riscontro della consegna.

Quando Annibale Carretta aveva fatto ritorno a casa erano ormai le prime ore del pomeriggio e della sua impresa era già corsa voce.

Letta la relazione del collega lecchese, il maresciallo Depetri non aveva potuto fare altro che formalizzare un sentire comune e, visitato Eumeo Carretta, invitarlo ufficialmente a prendere provvedimenti.

«Un essere siffatto prima o poi corre il rischio di finire in qualche guaio serio», gli aveva detto. E in quel caso si sarebbero aperte le porte della galera quando non di peggio. Lui, quale genitore, era responsabile del figlio. Gli toccava provvedere.

Parole che il Carretta senior, pur se aspramente pronunciate, aveva sentito poche ore prima dalla bocca del segretario di Partito, il quale gli aveva detto che il parassitismo del figlio e l'innominabile condotta andavano a discredito dell'intero paese.

«Provvedere, caro il mio Carretta», aveva esclamato il segretario. «Provvedere, prima che altri ci pensino!»

Cos'altro poteva fare l'Eumeo se non arrendersi a una soluzione che con tutti i mezzi aveva cercato di evitare?

S'era preso in bottega il figlio consolandosi con l'idea che forse, così, avrebbe imparato un mestiere.

Era stata una mossa rovinosa.

L'avesse saputo o anche solo intuito prima, l'Annibale non avrebbe esitato ad affiancare il genitore.

Quale teatro migliore per le sue imprese?

Lì dentro aveva avuto tutto l'agio di scrutare cosce e giarrettiere, brancicare caviglie, sfiorare polpacci e inspirare afrori, traendone malsano godimento. Tra l'altro aveva dimostrato una insospettabile abilità, imparando rapidamente il mestiere ma solo perché alle prese con scarpe, di preferenza femminili, aveva la sensazione di possedere quella parte della donna che le aveva calzate.

La clientela, alla vista del giovanotto, aveva reagito con una sorta di neutralità armata. La presenza del vecchio faceva da filtro, garantiva per lui.

Ma quando, nel 1926, l'Annibale ventenne, il genitore morì, la situazione precipitò. Sembrò che nella tomba l'Eumeo si fosse portato non solo i segreti della sua arte ma anche gran parte della clientela. Servette e massaie furono le prime a dissolversi per non dover pagare il dazio di sguardi acquosi e tentativi di palpeggiamento. Pochi fedelissimi, ma di scarsa resa, resistettero. Proprio come l'Annibale che tenne duro un anno, vivacchiando e dimagrendo, nell'attesa che il vento cambiasse.

Persistendo la bonaccia, si arrese all'idea di vendere le due stanze che stavano sopra la bottega, un cucinotto e una camera da letto, riducendosi a vivere nella stessa bottega che divise in due scomparti mercé un tendone che occultava la zona privata.

La resa della vendita gli garantì un altro anno di stentata sopravvivenza senza che peraltro il suo commercio ne traesse beneficio.

Dovette infine prendere atto che, avanti così, i fondati pregiudizi dei compaesani l'avrebbero condotto alla completa rovina.

Per superarli doveva dare di sé una nuova immagine che obnubilasse la vecchia.

In sostanza, decise, doveva prendere moglie.

II

Di trovarla in paese non era nemmeno il caso di pensarci.

Ma ormai quello di avere una donna era diventato per l'Annibale un chiodo fisso, l'unica via per uscire dallo stallo in cui si macerava.

L'idea buona gli venne incontro quando ormai disperava di trovare il bandolo del busillis.

Accadde il tardo pomeriggio in cui Giobatta Venosta entrò nella sua bottega.

Caso eccezionale, poiché il Venosta era integerrimo moralista e per le scarpe sue e della famiglia aveva sempre preferito recarsi presso un ciabattino di Dervio piuttosto che respirare l'aria inquinata di quell'antro. Ma anche il motivo che l'aveva spinto a quel passo era eccezionale.

Di lì a un paio d'ore doveva partecipare con la moglie Stranita, levatrice, a una cerimonia presso la sala del consiglio comunale nel corso della quale il podestà avrebbe premiato con una medaglia la lunga attività della donna, giunta ormai a fine carriera.

Provando la mise per l'occasione, un tacco era saltato sotto il peso della donna che col passare degli anni s'era fatto greve.

Giocoforza ci si era dovuti servire del Carretta.

Al suo apparire in bottega l'Annibale s'era illuminato.

Il Giobatta aveva malinteso il sorriso un po' unto con il quale il ciabattino l'aveva accolto: che non si illudesse di essersi guadagnato un cliente!

Ben altra invece era stata la ragione che aveva allargato il respiro dell'Annibale.

Due anni prima il Venosta, responsabile di una rivista di studi boldoniani, membro anziano del consiglio dei fabbriceri, fanatico ammiratore del duca d'Aosta di cui coltivava un vero e proprio culto al punto che in casa aveva allestito un altarino dedicato davanti al quale si fermava per riflettere, era stato a capo di un informale comitato che aveva tentato senza successo di opporsi al trasferimento di don Cosma Gognini, il giovane coadiutore del prevosto, a Bellano da circa tre anni.

Con una lettera da lui stesso compilata, firmata da un discreto numero di parrocchiani e indirizzata alla curia milanese, aveva rilevato l'ottimo lavoro fatto dal pretino con la gioventù del paese paventando un disamore della stessa nei confronti della chiesa e dei suoi precetti venendo a mancare un simile trascinatore. In calce offriva anche la propria disponibilità a recarsi in quel di Milano per spiegare a voce le ragioni che per lettera sarebbe stato troppo lungo acclarare.

La risposta era giunta firmata da un segretario di curia e diretta al prevosto.

A quest'ultimo era toccato comunicare al Venosta che la curia si felicitava per l'ottimo lavoro fatto da don Gognini e si diceva altresì certa che anche il sostituto non sarebbe stato da meno.

Ecco, aveva pensato il Carretta dopo aver visto il Venosta ed essersi ricordato del coadiutore: se c'era una persona cui poteva chiedere aiuto era lui.

Gli aveva scritto una lettera, lacrimosa e condita con trovate frutto di invidiabile fantasia, raccontandosi quale vittima di un ostracismo imputabile alla povertà.

«La morte di mio padre che voi avete conosciuto e forse ricorderete per aver benedetto la nostra bottega in occasione di un santo Natale...» aveva scritto lasciando cadere due gocce d'acqua sull'inchiostro sperando che passassero per lacrime.

Quella morte l'aveva lasciato in braghe di tela, proprietario di un antro buio che era diventato casa e bottega, nel quale la gente si guardava bene di entrare. La testardaggine del genitore si era sempre opposta alle sue proposte di ammodernamento, così adesso si trovava sull'orlo di un baratro. Se avesse avuto una moglie, una donna semplice e onesta, in grado di badare alla sua persona e alla casa, lui avrebbe potuto dedicarsi completamente al lavoro, risollevandosi.

Ma, e il sacerdote non si doveva stupire della richiesta, la doveva cercare lontano quella moglie poiché nel paese nessuna si sarebbe condannata a una vita di stenti in attesa del riscatto.

«Confido in voi», aveva continuato a scrivere.

Nelle sue preghiere certo, ma anche in qualcosa di più tangibile.

Don Gognini a quel tempo stava a Rocca San Giovanni, una parrocchia montana degli Abruzzi. Nonostante gli anni passati ricordava abbastanza bene i suoi vecchi parrocchiani e manteneva un ricordo seppur vago di certe voci che aveva sentito attorno al Carretta junior. Tuttavia erano sempre state solo chiacchiere sussurrate e, coscienzioso com'era, non aveva escluso la possibilità di dare un aiuto, anche facendosi paraninfo.

Però, onde escludere che ci fosse di mezzo la coda del diavolo, prima di prendere qualsivoglia iniziativa aveva voluto vederci chiaro e aveva scritto al parroco bellanese per avere informazioni di assoluta garanzia.

Leggendo la lettera del giovane coadiutore, il prevosto bellanese s'era quasi indignato per la spudoratezza dell'Annibale.

D'accordo la carità cristiana, aveva ragionato tra sé. Ma anche un sacerdote aveva precisi doveri sociali da osservare e il piatto della bilancia pendeva nettamente a favore di questi.

Con quattro stringate righe, aveva risposto a don Gognini che il Carretta era individuo moralmente abbietto, senza alcuna volontà di redimersi e destinato a una grama fine, come era facile prevedere. La comunità, per quanto fosse cosa brutta da dire, l'aveva giustamente isolato. Un sacerdote non poteva farsi complice di un simile individuo e aiutarlo nel cercare moglie.

Avuta la risposta, don Gognini cestinò la lettera dell'Annibale e non pensò più alla faccenda.

Il Carretta invece sì.

I giorni, le settimane passavano, l'ansia per la risposta aumentava.

Finché questa arrivò.

III

Grafia incerta, pesante, che non era passata al vaglio di alcun seminario.

Don Gognini non aveva cambiato opinione.

Ignorava però, nel suo candore, che buona parte della corrispondenza della parrocchia, quella cestinata più spesso ma anche l'altra a volte, in alcuni casi anonima, passava per le mani callose del sagrestano, luciferino sistema con il quale l'uomo stava al passo con le novità che riguardavano il prete e alcune delle sue anime. Era già capitato che da quelle furtive letture traesse spunti per combinare qualche affaruccio.

Così era stato con le compassionevoli righe di Annibale Carretta, lette le quali lo scaccino aveva inopinatamente ringraziato l'alto dei cieli poiché gli si era aperta la prospettiva di un affare vero e proprio.

Fuori dall'abitato di Rocca San Giovanni infatti, in un casolare isolato, abitava una coppia di contadini cui la sorte aveva dato una figlia affetta da mal caduco. Si chiamava Celsa e di tanto in tanto andava soggetta ad attacchi del male. Non frequentissimi, ma sufficienti per decidere i genitori a tenere nascosta la malattia e, per quanto possibile, la figlia, onde evitare chiacchiere che avrebbero marchiato per sempre la giovane. Così agendo, Celsa era arrivata al soglio delle nozze dopo un breve periodo di corteggiamento da parte di un giovanotto, tal Cardo Mariano, della frazione di Pocafeccia, spinto a quel passo anche dagli inviti pressanti dei genitori di Celsa che non vedevano l'ora di accollare ad altri figlia e relativa malattia.

Il giorno del matrimonio però, vuoi per l'emozione, vuoi per il sole impietoso che scaldava una splendida giornata di maggio, Celsa aveva accusato una crisi che l'aveva colta proprio sul sagrato della chiesa, sotto gli occhi di tutti. Una piccola parte degli intervenuti era parentela della sposa, il grosso invece era costituito dai parenti dello sposo e dagli amici di questi, venuti dalle frazioni di Santa Calcagna, Scalzino, Perazza e naturalmente dalla stessa Pocafeccia.

Una volta caduta a terra Celsa s'era contratta per un

quarto d'ora e oltre sotto gli occhi dei presenti. Il Cardo aveva fatto la mossa di correre in suo aiuto ma era stato trattenuto dalla madre Giubilia, la prima a comprendere cosa stesse accadendo: in gioventù aveva posseduto un cane affetto da epilessia e l'unica possibilità di risolvere il caso, aveva sostenuto suo padre, era stata abbattere la bestia, cosa che aveva fatto a suon di legnate. Lei piuttosto s'era fatta avanti e aveva sputato su Celsa predicando che quello fosse l'unico modo per evitare che lo stesso male contagiasse i presenti. Infine, mentre ancora la giovane si dibatteva, aveva dichiarato che mai e poi mai suo figlio si sarebbe unito in matrimonio con una simile ossessa.

Il padre della sposa, Caleio, aveva obiettato che il contratto matrimoniale voleva essere rispettato. In risposta più voci s'erano levate a contraddirlo, chiarendo che nessun contratto sarebbe nato se la deficienza della sposa fosse stata dichiarata.

Parole grosse erano volate, s'era rischiata qualche sberla.

Il promesso aveva chiuso la questione.

«Manco morto me la sposo», aveva affermato.

E nemmeno da morto avrebbe rinunciato al luculliano pranzo di nozze dal quale Celsa, ripresasi nel frattempo ma sfinita e disorientata, i genitori e il codazzo degli ospiti suoi erano stati esclusi.

Le conseguenze dell'accaduto avevano avuto l'effetto di una pietra tombale sulla vita di Celsa, sulle speranze di un futuro. Isolata dal consesso umano a causa delle chiacchiere che in alcuni casi la indicavano come posseduta, lo era diventata anche in famiglia.

Oggetto inutile, peso, errore di madre natura.

Così la definiva il Caleio in casa senza che la moglie lo contraddicesse e anzi reagendo con una sorta di complice indifferenza.

Ma anche nelle osterie del borgo, quando soprattutto aveva scolato qualche mezzo litro di vino. Allora emergeva dal silenzio e si lasciava sfuggire all'indirizzo della figlia quegli stessi insulti e sempre più spesso la promessa di una ricompensa in denaro al primo che gli avesse sottoposto la soluzione per togliersela dai piedi.

Ed ecco quindi l'affare che si era palesato agli occhi dello scaccino dopo aver frugato nella corrispondenza di don Gognini.

Preso contatto col Caleio, gli aveva detto che non avrebbe potuto pretendere di meglio.

«Sarebbe a dire?» aveva chiesto quello.

Aveva sottomano un candidato al matrimonio e un posto talmente lontano che ben pochi dalle loro parti avrebbero saputo dire dove fosse.

«Ha un nome questo posto?» aveva chiesto il Caleio.

Ma il sagrestano aveva nicchiato.

È un paese, aveva insistito, quello dove la sposa sarebbe andata a risiedere, che si chiamava... si chiamava...

«Nemmeno io me ne ricordo su due piedi», aveva recitato.

Ma cosa importava?

Ciò che contava era che, una volta sposata, non se la sarebbe più trovata tra i piedi.

Il padre di Celsa s'era lasciato ingolosire.

Però aveva voluto prendersi qualche giorno di tempo per ragionare.

Pure la moglie aveva voluto mettere becco nella questione, che peraltro non offriva alternative: o accettare, per conto di Celsa, l'ancora fumosa proposta del sagrestano o arrendersi all'idea di avere la giovane per casa fino alla fine dei tempi.

Avevano scelto per la prima soluzione.

«Bene», aveva sorriso il sagrestano.

E adesso, se il Caleio si decideva a pagargli il prezzo richiesto, era pronto a rivelargli le condizioni del matrimonio oltre che dove, una volta sposata, sua figlia avrebbe trascorso il resto della sua vita.

IV

«Vado a prendere moglie.»

Aveva risposto così il Carretta al capostazione Verolafava che, vedendolo sul marciapiede, s'era lasciato vincere dalla curiosità e gli aveva chiesto dove fosse diretto.

Aveva viaggiato in treno, in corriera, su un autocarro e s'era fatto anche qualche chilometro a piedi.

D'altra parte le condizioni dello scaccino non avevano ammesso discussione.

Il Caleio, a parte il rispetto della tradizione, voleva vedere con i suoi occhi la figlia unita in matrimonio con qualcuno. S'era detto disposto a finanziare anche i viaggi, andata e ritorno per l'Annibale, sola andata per la giovane, ma a patto che, celebrate le nozze, i novelli sposi ripartissero all'istante. Inoltre aveva preteso che le stesse venissero officiate in novembre, scelta oculata per via del tempo uggioso che allontanava per Celsa la possibilità di una crisi causata dal sole.

Quando don Gognini aveva scoperto che avrebbe dovuto unire alla giovane quello stesso essere che il suo vecchio prevosto gli aveva caldamente sconsigliato di aiutare, aveva tentato di sollevare qualche obiezione.

Ma il Caleio s'era preparato.

«Ciascuno è libero di scegliere con chi vivere, o no?»

«Nulla osta, se così è», aveva ribattuto il sacerdote a denti stretti. «Ma c'è qualcosa che mi sfugge in tutta la faccenda.»

«Sarà», aveva pontificato il Caleio, «ma lo vede anche lei che tutti e due sono presi di mira dai pettegolezzi. Vogliamo dire di no alla loro felicità?»

«No», era stato costretto a rispondere don Gognini.

Ma, volendo sottilizzare, ciò che gli sfuggiva era come avesse fatto il Carretta a scoprire l'esistenza della ragazza.

Non si poteva dire che l'avesse incontrata in piazza, dopo la messa, oppure durante una festa danzante!

«Le vie del Signore...» aveva principiato a dire il Caleio.

«Lasciamo stare il Signore per pietà», l'aveva subito stoppato il prete.

Dopodiché c'era stato poco altro da dire se non accordarsi sui dettagli della cerimonia.

Frugale.

Matrimonio poco dopo l'alba.

Una rapida colazione in vece del pranzo di nozze.

Dopodiché partenza alla volta del lago di Como, e nonostante la prospettiva di una notte alle viste che avrebbe reso avventuroso il viaggio, nelle prime ore dello stesso pomeriggio.

V

Celsa era morta all'età di cinquantacinque anni verso la fine di ottobre del 1962.

Il suo viso da cadavere presentava i segni di una pace che nessuno mai le aveva visto nel quarto di secolo passato a Bellano.

Fino il prevosto, in carica dal 1950, poco prima di partire per il miserrimo funerale che il Carretta s'era potuto permettere, aveva commentato senza troppo badare al volume della voce che solo con la morte la poveretta aveva potuto sfuggire alla schiavitù.

Non altrimenti poteva definirsi la vita che Celsa aveva condotto. I buoni propositi del Carretta erano restati lettera morta, i suoi malsani istinti non avevano mai smesso di istigarlo. Se la bottega era andata avanti era stato per merito della donna che, rendendosi conto poco dopo il suo arrivo di quanto fosse indolente il marito, s'era impegnata a imparare l'arte della calzoleria, giungendo a una manualità che le aveva permesso di sbrigare i lavori meno complicati. Per un po' il marito l'aveva affiancata.

Ma quando questi s'era reso conto dell'abilità della moglie aveva man mano ridotto il suo impegno sino ad annullarlo pressoché del tutto. Va da sé che, privo del suo teatro, aveva dovuto tornare a battere altri territori per dare corpo a certe imprese, dalle quali tornava a volte con un occhio pesto o altrimenti acciaccato.

Di due sole cose Celsa poté dirsi grata per quel lungo periodo trascorso sulle rive del lago di Como.

La prima fu un ricovero in ospedale, disposto dal precursore del dottor Lonati, in conseguenza di una crisi che l'aveva colpita in chiesa. Era uscita dalla degenza con una terapia che era riuscita a tenerle a bada le crisi sino alla fine. La seconda era stata la nascita di un figlio maschio, concepito come se in quel frangente l'Annibale fosse stato colto da un raptus di normalità. All'età di diciotto anni il giovane, con la silenziosa benedizione della madre, aveva preso il volo unendosi a una compagnia di muratori cottimisti che batteva l'intero Nord Italia e non s'era mai più fatto vivo.

La partenza del figlio, per quanto opportuna, era stata per Celsa l'inizio della fine. E ad accelerarla ci si era messo il diabete che, verso la metà degli anni Cinquanta, aveva colpito l'Annibale.

Sarebbe stata ingiustizia suprema se, grazie alla malattia e allo scarso conto in cui l'uomo teneva consigli e farmaci del dottore, l'Annibale fosse riuscito nell'impresa di morire prima di lei, lasciandola sola a prolungare quella pena fino a chissà quando.

Così, quando aveva cominciato ad avvertire un certo affanno nel respiro e certe trafitture al torace, s'era ben guardata dal farne parola al dottore, riuscendo infine a morire nel suo letto, sola e di notte.

Con quel poco che aveva l'Annibale era riuscito a sopravvivere nelle settimane successive alla morte della moglie. In parte per la malattia, che trascurava infischiandosene, e in parte per il ritrovarsi di nuovo solo ma in là con gli anni e malmesso, dava l'impressione di avere la testa sempre altrove. Per lunghe ore stava nella sua bottega, seduto e senza far niente visto che ormai nessuno gli dava da lavorare. Oppure girava senza meta per il paese, trasandato e spesso maleolente, cosa che gli precludeva qualsiasi tipo di contatto.

Dava l'idea di essere sulla rampa di lancio, pronto per raggiungere quanto prima la povera Celsa, un traguardo che il naso fino di Spinetta Buboli presagì chiamando, quale testimone del suo olfatto, il dottor Lonati.

2.

Dopo aver sentito nome e cognome del presunto cadavere il Lonati tentennò.

Sapeva chi era.

Ma non era certo uno dei suoi pazienti più amabili, giudiziosi e anche puliti.

L'aveva rivisto, dopo mesi, quando era andato nel buco dove viveva per compilare il certificato di morte di quella povera crista che l'aveva sposato.

Per dovere s'era informato sulle sue condizioni.

Come andava il diabete?

«Bene», era stata la risposta.

Ma seguiva le sue indicazioni?

«Non si preoccupi», aveva biascicato l'Annibale.

Bah, aveva concluso lui, se non si voleva curare, affari suoi.

Adesso, pensò il Lonati, se davvero era morto non si poteva dire che non se la fosse cercata. E inoltre, quale cadavere, non poteva più scappare.

Quindi, che fare?

Piantare lì l'adorante gruppo dei suoi affezionati pazienti per andare a vedere?

Oppure, coi dovuti modi, congedare la Spinetta e rimandare a fine ambulatorio?

Fu la Spinetta a decidere.

Non si mosse, manco avesse messo radici.

Silenziosa, l'occhio vispo, le guance incavate come se stesse succhiando una gazzosa.

Con la morte non si scherza, sembrava dire, e soprattutto io non conto balle.

«Andiamo», toccò dire al dottore mentre la Buboli piegava la testa di lato.

Ce ne aveva messo di tempo per decidere!

Al suo comparire nella sala d'attesa si levò un mormorio. La Spinetta era già uscita senza degnare alcuno di uno sguardo, impettita come quando entrava al Circolo dei lavoratori per acquistare il suo quartino di vino.

«Torno subito», disse il Lonati, più alla punta delle scarpe che non ai presenti.

Una volta uscito resistette alla tentazione di accendersi una sigaretta.

Nel tempo che si fermò per decidere se fumare o meno levò gli occhi verso il cielo. Limpido, di quell'azzurro che solo il freddo di gennaio riusciva a rendere quasi nemico. Il vento nervoso di quei giorni lo teneva spazzato come un pavimento di chiesa. Come sempre, quando si trovava fuori in orari che di solito lo vedevano chiuso tra le quattro mura dell'ambulatorio, sorrise pensando che da bambino sognava di fare il capostazione come suo padre.

Quel sorriso, indecifrabile – «Un dottore che ride? E che ride mentre sta andando a vedere un morto?» – disorientò la Spinetta che fece un passo verso di lui.

Avrebbe voluto chiederlo.

Ma il Lonati la precedette.

«Andiamo», ripeté.

E pur volendo precedere la donna non ci riuscì. La Spinetta partì con un passetto elettrico. Per non dare l'idea che lui la seguisse come se stesse obbedendo a un ordine, il Lonati stette qualche metro indietro, la testa di nuovo bassa.

La Spinetta invece, man mano che si avvicinava all'antro del Carretta, levò la testa, il naso, per cogliere l'odore che l'aveva messa in allerta.

Quando fu davanti alla porta si volse di lato, guardò il Lonati.

«È qui», disse.

«Lo so», rispose il dottore.

«Sente anche lei?» chiese.

Sentiva.

Ma non rispose.

E si apprestò a bussare.

Ma una voce dall'alto lo bloccò.

«È inutile, tanto non apre.»

L'Enea Palèta, nudo dalla cintola in su per quanto si poteva vedere, stava alla finestra, le mani a pugno appoggiate al davanzale per mettere in evidenza i pettorali.

«È una settimana che non si fa vivo», aggiunse.

«Visto», sussurrò la Spinetta. «L'avevo detto io, è morto.»

Il Lonati soffermò lo sguardo sul nudista poi lo riportò sulla Buboli.

«Be', adesso vedo», disse.

La donna fece la mossa di seguirlo.

«Ho detto vedo», specificò. «Singolare.»

3.

Non era morto.

Ma quasi.

Coma diabetico.

Non fu uno smacco per Spinetta Buboli perché il dottor Lonati, pur controvoglia, le spiegò che, ancora poche ore, e per il Carretta non ci sarebbe stato niente da fare. Il suo naso fino gli aveva salvato la pelle. E, riguardo all'odore che aveva scatenato il suo olfatto, le aveva chiarito che proveniva dalla malattia che da tempo si stava allegramente mangiando le dita del calzolaio, e non solo quelle.

Quaranta giorni dopo Annibale Carretta usciva dall'ospedale dove il Lonati l'aveva ricoverato con urgenza. Aveva perduto la gamba destra che i sanitari non avevano potuto fare a meno di amputare per salvare il resto dell'arto. Era stato ripulito, impresa affidata a un'inserviente pressoché anosmica a causa di una perenne sinusite, e risanato per quanto fosse possibile.

Nessuno, tranne il personale sanitario, s'era mai avvicinato al suo letto e nessuno lo attendeva quando aveva intrapreso la strada del ritorno verso casa, caracollando su due stampelle fornite dall'amministrazione ospedaliera e lottando con le folate di vento che sembravano volerlo spingere nel lago. Aveva con sé anche una lunga serie di raccomandazioni scritte da seguire per non ritrovarsi nelle condizioni che l'avevano portato in ospedale.

Tuttavia, chi l'aveva conosciuto nel corso della sua degenza era pronto a scommettere che di lì a poco, se lasciato a sé stesso, il Carretta sarebbe tornato di nuovo a essere ospite del nosocomio.

Toccò a suor Natalina prendere l'iniziativa. Era stata la più assidua al letto dell'Annibale. S'era assunta l'incarico di iniettargli l'insulina due volte al giorno e quello più arduo di spiegargli come e cosa fare una volta tornato a casa. Impresa, quest'ultima, che aveva costretto la religiosa a prolungare le devozioni serali allo scopo di chiedere perdono per conto terzi poiché il degente, tanto alle iniezioni quanto alle lezioni di pratica, reagiva quasi sempre con imprecazioni che le orecchie della suora mai avevano udito.

Obbedendo alla regola di compatire chiunque, anche una bestia come il Carretta, suggerì al direttore sanitario professor Demetrio Invitti di segnalarne il caso all'amministrazione comunale.

«Ci vuole qualcuno di buona volontà che gli dia un occhio anche a casa.»

L'Invitti soppesò il consiglio e poi lo mise in pratica. Con due righe vergate a mano e su carta intestata dell'ospedale Umberto I informò il sindaco Pedemontani della situazione.

In verità avrebbe potuto fare una telefonata visto che col primo cittadino, il notaio Serecordi, l'architetto Strizzolo e il farmacista Piravanti si trovava tutti i giovedì sera in una saletta riservata del ristorante Cavallo Bianco per consumare estenuanti partite a dama.

Ma giusto il giovedì appena trascorso aveva discusso seccamente col Pedemontani su un pezzo che secondo il primo cittadino il professore aveva toccato, e che quindi stando alle regole del gioco avrebbe dovuto muovere, mentre l'Invitti aveva sostenuto di averlo solamente sfiorato per aggiustarlo sulla damiera, pur non avendo avvisato che l'avrebbe fatto.

La serata era finita in un cupo silenzio e i due s'erano lasciati senza stringersi la mano com'erano soliti fare.

Due righe, aveva quindi deciso l'Invitti, non era ancora maturo per sentire di nuovo la voce del sindaco. Due righe ufficiali che non avrebbero potuto essere disattese per alcun motivo.

4.

La richiesta, recepita e protocollata, finì tra le mani di Pericleta Beregini, che sin dalla fine degli anni Quaranta, all'epoca del Sindacone Attilio Fumagalli, occupava lo scranno di assessore alla Cultura e tempo libero con delega per l'assistenza agli indigenti. Coi mezzi che l'amministrazione le metteva a disposizione la Beregini non aveva molto da scegliere. L'unica strada era quella di rivolgersi alle dame della San Vincenzo che adesso erano guidate da Luisago Ornella, le cui ambizioni di sedere nel consiglio comunale e magari anche tra gli assessori di giunta, frustrate nelle ultime elezioni amministrative, erano note ai più.

La Luisago aveva individuato nella Beregini il nemico da battere e non s'era risparmiata spargendo sulla sua avversaria bugie vere e proprie, allo scopo di sminuirne l'autorità, tentando anche di svergognarla. Nel suo negozio di stoffe, profumato come una sagrestia, aveva raccontato che l'ingresso nella lista del sindaco Pedemontani le era stato garantito in cambio di continue lezioni gratuite al nipote del primo cittadino. E, abbassando la voce, aveva fatto intendere che la Beregini fosse ormai prossima al declino, fisico...

«È incontinente!» sussurrava sgranando gli occhi. «La pìsa ogni du per tri!»

...e mentale, assicurando che le avevano riferito come durante le giunte spesso cadesse in sonni improvvisi o sbagliasse i nomi degli assessori, scambiandoli con quelli delle amministrazioni precedenti.

Come si potesse votare una simile cariatide, non lo sapeva.

Che se ne andasse in pensione anche da amministratrice, no?, visto che quale maestra c'era già da un po' di anni!

A risultato acquisito e rieletta la Beregini, la Luisago non aveva potuto fare altro che uscirsene con criptici accenni a presunti brogli elettorali che aveva rapidamente cassato quando le era stato fatto notare che una differenza di ben ottantasette voti di preferenza non si poteva spiegare solo con qualche errore di conteggio, fosse voluto oppure no.

Due mesi dopo le elezioni però Siluetta Miralaghi, da anni presidentessa della San Vincenzo, rendeva l'anima a Dio. La Beregini, che dell'associazione era referente quale rappresentante del comune, aveva colto al volo l'occasione e aveva chiesto alla Luisago un abboccamento: in municipio, e presso lo studio che il sindaco le aveva messo a disposizione.

La Luisago c'era andata, il veleno delle parole pronto all'uso.

Ma la Beregini non era nata ieri.

«Non sa quanto piacere mi faccia che lei abbia accettato il mio invito», le aveva detto accogliendola.

La Luisago, sospettosa davanti a tanta cortesia, aveva caricato le molle.

La Beregini le aveva però inferto un secondo colpo.

«Anche se ci siamo affrontate su fronti opposti non per questo ci consideriamo nemiche. O no?»

«Oh!» più un verso che un'esclamazione, era uscito dalla bocca della Luisago. Non capiva dove la Beregini volesse menarla.

«Se le ho chiesto un appuntamento», aveva proseguito l'ex maestra, «è perché ho sempre avuto una profonda simpatia per lei e so quanto tenga al buon andamento del nostro amato paese.»

«Certo», aveva risposto la Luisago vieppiù confusa.

Per l'incertezza aveva cominciato a sudare e arrossire.

«Ha forse caldo?» aveva chiesto la Beregini notando il colorito di collo e guance.

«No», aveva risposto la Luisago.

Ma il filo d'ansia che le montava dentro si stava trasformando in un certo bisogno, un certo stimolo...

«Niente di male», aveva commentato la Beregini, «può capitare. Non crede?»

La Luisago sarebbe scappata.

Invece aveva approfittato dell'invito a servirsi del cesso del sindaco dove s'era rinfrescata il viso ed era tornata decisa a finirla con quel tormento.

Perché diavolo la Beregini aveva voluto vederla?

Detto, fatto.

La Pericleta, al suo ritorno, aveva sparato il motivo senza più esitare.

Voleva prendere il posto di Siluetta Miralaghi quale presidentessa della San Vincenzo?

«Io?» s'era stupita la Luisago.

«Chi meglio di lei riuscirà a portare un po' di sano entusiasmo in un ambiente che ogni tanto necessita di qualche scossa?» aveva spiegato la Beregini.

Le associate avevano chiesto a lei un consiglio, e nessun'altra le era venuta in mente.

«Se accetterà non dimentichi che avrà sempre il pieno appoggio di questa amministrazione oltre che totale libertà d'azione.»

La Luisago aveva accettato senza esitare. Uscendo quale presidentessa dal municipio aveva guardato il panorama con altri occhi e s'era perdonata da sé le cattiverie seminate sul conto della Beregini. In fondo, s'era detta, avrebbe potuto batterla alle prossime elezioni amministrative.

Così quando la grana del Carretta era planata sul suo tavolo, Pericleta Beregini non aveva avuto dubbi: solo la

San Vincenzo avrebbe potuto garantire un'assistenza tanto assidua.

Ma ci voleva una persona che se ne occupasse a tutto tondo, quasi dedicata.

«Nessun problema», rispose Luisago Ornella una volta informata.

Aveva sottomano la persona giusta.

«Rita Cereda.»

Detta la Scionca.

5.

Rita Cereda era la seconda figlia di Elena Fulgenzi in Cereda, vedova.

Era nata con una displasia dell'anca che la obbligava a camminare come se i piedi poggiassero su due diversi livelli. Il soprannome le era piovuto in testa mentre frequentava la terza elementare. Durante un rimescolamento dei posti in classe, vecchia abitudine della maestra, il bambino che s'era trovato al fianco di Rita s'era messo a piangere. Richiesto di spiegare la ragione delle lacrime aveva risposto che vicino alla scionca non ci voleva stare.

La maestra era rimasta di stucco.

«Chi ti ha insegnato quella parola?»

«Il mio papà», aveva risposto il ragazzino.

Una risata generale aveva rotto il silenzio. La maestra l'aveva richiamato con un gesto.

«E guai a voi», aveva minacciato il resto della classe, «se ve la sento ripetere!»

Mai minaccia era caduta così nel vuoto. Da quel momento, bagnato dalle lacrime che avevano cominciato a scendere dagli occhi della bambina, Rita Cereda s'era beccata il nomignolo Scionca.

L'anca e il soprannome le avevano svelato il destino, condizionato anche l'aspetto.

Grigio il viso affilato, e una perenne espressione in equilibrio tra un sorriso di circostanza e la fatica di tirarsi dietro la gamba zifola.

Poche parole con pochi, una vita dedita alla casa e alla

frequentazione delle suore dell'asilo Tommaso Grossi con le quali organizzava i natalizi spettacolini mettendosi a disposizione per qualsivoglia necessità.

Introversa anche con loro però.

Al punto che le stesse religiose, e più di tutte la massiccia cuciniera suor Trotta, avevano tentato di spingerla a sciogliersi un po'. Magari prendendo parte alle festicciole organizzate insieme con i genitori dei bambini e alle gitarelle.

Niente da fare.

Il viso di Rita si avviliva ancora di più. Mentre quando le era stato proposto di entrare nella San Vincenzo quello stesso volto aveva risposto con un mezzo sorriso, e dalla parte della gamba offesa. Come se quella metà del suo corpo le volesse dire che non aveva altra direzione da seguire, l'altra metà non l'avrebbe portata da nessuna parte.

Alla notizia della nuova acquisizione, data una sera dall'allora presidentessa Siluetta Miralaghi, il circolo delle dame aveva reagito con una perplessità quasi generale.

Rita Cereda?

Chi era mai?

«La Scionca», aveva chiarito la Miralaghi.

Solo allora si era levato un mormorio di approvazione.

Nell'apprendere la notizia la vedova Cereda aveva reagito senza parole ma con un gesto. Un segno della croce disegnato in aria, sorta di benedizione laica concessa alla figlia che però poteva anche essere il simbolo che la donna metteva sul destino della stessa, come a sancirne la definitiva morte civile.

Rita non aveva voluto approfondire la natura di quel gesto. Anche con la madre i dialoghi erano rari e perlopiù spenti. Nei suoi sguardi infatti percepiva un fastidio compassionevole per la sua figura sbilenca e austera, e ciò bastava ad ammutolirla.

Senza contare che Elena Fulgenzi in Cereda aveva un caratterino da prendere con le molle.

Ne sapeva qualcosa anche la prima figlia Lirina, pure lei esclusa dalle confidenze materne da quando, contro ogni parere, s'era maritata («Malmaritata», sottolineava la Fulgenzi) con certo Loreto Damato, muratorucolo tanto avvezzo a maneggiare la cazzuola quanto il bottiglione del vino, che l'aveva portata ad abitare, rovinandola, in una casaccia del rione Pradegiana, povera di luce e umida come un tombino.

Il cuore della vedova non era però asciutto come poteva sembrare.

L'affetto, le speranze, i frutti delle fatiche di sarta a domicilio servivano a far prosperare la terza figlia, Vincenza.

Quando Rita assunse l'incarico di badare al ciabattino, sua madre si stava preparando a tirare la volata di Vincenza verso il traguardo del diploma magistrale.

Ben educata, misurata nei modi e nelle parole. Ma soprattutto bella, Vincenza, come lo era stata la madre in gioventù. Digiuna ancora della maggior parte delle insidie della vita.

E affinché lo restasse il più a lungo possibile, Elena Fulgenzi la teneva d'occhio, non mollava la presa, non perdeva occasione per impartirle lezioni pregne di sospetto e diffidenza verso l'intero genere umano.

Perché sapeva bene quanto si è stupidi quando si è tanto giovani.

6.

Proprio lei, giovane sartina alle prime armi, s'era lasciata imbambolare, ingravidare, sposare e infine lasciare, vedova trentenne, da Venanzio Cereda quando lui, facendo il ganassa con la moto per la quale aveva fatto debiti per l'eternità, era andato a spiaccicarsi contro le rocce della curva di Morcate, restando secco sul colpo.

Non le aveva lasciato alcuna eredità, se non quella delle tre figlie a carico, di cui una storpia, e i pagherò della moto sfasciata.

La morte del marito aveva innestato in Elena Fulgenzi una rabbia sorda, dura.

Mica tanto perché era morto.

Ormai da anni, subito dopo la nascita di Rita, il Venanzio aveva smesso di essere quello dei primi tempi. Gli amici, disertati per un po', avevano ben presto ripreso il primato nelle preferenze dell'uomo e più di una volta la donna s'era trovata a benedire il lavoro che aveva mantenuto nonostante le fatiche domestiche, cosa che le aveva permesso di tirare avanti.

La moto era stata l'ultima idiozia del Venanzio. La rabbia di Elena era scattata dopo aver considerato la posizione in cui la morte dell'uomo aveva messo lei e le tre figlie.

Un caso umano, esposto alla pubblica compassione pronta a riversarsi su di lei.

Che si dovesse porre un freno a quella tendenza, la vedova di fresca data l'aveva compreso già durante le visite di condoglianze e durante il funerale.

Adesso come farete?, era stata la domanda più frequente.

E come aveva fatto fino a quel momento?, avrebbe voluto rispondere.

Quando però, tre giorni dopo il funerale, i compagni del marito, reparto manutenzione del cotonificio, s'erano presentati alla porta di casa per offrire il risultato di una colletta fatta tra loro, Elena Fulgenzi non s'era trattenuta.

Di elemosine più o meno mascherate non aveva bisogno, aveva spiegato secca. E quei soldi potevano usarli per bere alla salute di suo marito, a patto che non lo resuscitassero perché lei di uomini non voleva più saperne.

D'altronde il suo stato vedovile con tre figlie sulla groppa era sufficiente a tenerli alla larga.

Nonostante ciò, in due avevano tentato di entrare nelle sue grazie.

Il primo era stato un cancelliere di pretura, siciliano, dalla parlata stretta e pressoché inintelligibile.

S'era rivolto una prima volta alla Fulgenzi per farsi cambiare il collo di due camicie. Equivocando sulla gentilezza della donna, e sapendone lo stato vedovile, per qualche tempo l'aveva corteggiata mandandole dolciumi e qualche fiore. Fosse stato un altro il mittente di quegli omaggi, gli sarebbero ritornati in un amen. La carica dell'uomo era però suonata altisonante alle orecchie della Fulgenzi e aveva giudicato opportuno non offenderlo, correndo rischi. Così il cancelliere s'era illuso di non esserle indifferente e in un tardo pomeriggio temporalesco aveva chiesto alla donna che gli prendesse le misure di un paio di pantaloni, cavallo compreso.

Era finita con la vedova Cereda che aveva spezzato sulla testa del satrapo il metro di legno con il quale misurava le stoffe.

Il secondo invece era stato un pistola ventenne, Ermes Buonigiacomo, unico figlio di ragioniere di banca, pure lui prossimo allo stesso diploma dopo più di un intoppo, arie da bon vivant e tutta una serie di vezzi mutuati da certi film visti al cinema Casa del Popolo.

La sera in cui s'era tenuta la cena dei coscritti presso la trattoria del Cantinone, la compagine maschile, più o meno alterata, aveva deciso di celebrare la conclusione dell'incontro stilando la classifica delle donne più belle e desiderabili del paese. Dopo una discussione costellata spesso da grevi apprezzamenti Elena Fulgenzi s'era guadagnata la seconda posizione cedendo il podio a certa Versalia, una dalmata che era giunta in paese un sette-otto anni prima con figli e marito, dagli occhi luminosi e la coscia lunga quanto i fischi che spesso la seguivano.

L'Ermes, che aveva sostenuto a spada tratta la Fulgenzi, a votazione conclusa aveva criticato l'ottusità di chi non l'aveva appoggiato. A fronte dell'algida bellezza della vincitrice aveva messo la sopita sensualità della vedova Cereda.

«Ma che cazzo ne sai?» era sbottato uno dei presenti, il Cucio, muratore in Canton Ticino che era tornato apposta per l'occasione.

L'Ermes aveva risposto con un'espressione da viveur sfregando tre dita in aria.

«Certe cose si sentono», aveva detto.

«E te continua a sentirle», aveva ribattuto il Cucio.

«Fin quando non le toccherò. Poi ti racconto», aveva sparato il Buonigiacomo.

«Ma non dire cazzate», aveva sorriso l'altro.

«Lascia fare», aveva insistito l'Ermes.

«Scommettete allora», s'era inserita una voce.

Femminile.

Era quella di Cirietta Protasi, figlia del gestore del Cantinone, che s'era accomodata al tavolo dei coscritti dopo averli serviti, incuriosita dalla discussione in atto.

«Prontissimo», aveva reagito l'Ermes.

Tanto, aveva ragionato, finita la serata il Cucio sarebbe tornato in Ticino e chissà quando si sarebbero rivisti. E, alla disperata, avrebbe potuto cavarsela raccontando delle balle, sia a lui sia agli altri.

«Anch'io», aveva risposto il muratore.

Ma, aveva subito aggiunto, come si poteva fare ad avere un testimone, una prova in una situazione siffatta?

«Non c'è problema», aveva garantito la Cirietta. «Io lo so.»

E bisognava ringraziare Lirina Cereda, della quale era stata amica sin dalla più tenera età e che l'aveva anche voluta testimone alle sue nozze. La vedova Cereda, aveva rivelato la Cirietta alla compagnia, aveva il vezzo di siglare con le proprie iniziali il suo indumento più intimo. Esibirlo sarebbe stato il trofeo migliore.

«O no?» aveva chiesto sollevando l'entusiasmo dei presenti.

Dal giorno seguente, snebbiato, l'Ermes aveva compreso l'enormità dell'impresa nella quale s'era impegnato.

Un conto era stato fare il ganassa la sera prima, altro invece era mettersi in campo e conquistare l'intimità della donna.

Purtroppo per lui, nonostante l'avesse ardentemente sperato, i suoi coscritti non avevano dimenticato la scommessa. Nemmeno il Cucio che, qualche tempo dopo, gli aveva inviato una cartolina, pastorale visione dell'Engadina, con scritta una sola frase.

«E il trofeo?»

Quando s'era sentito ben bene nella merda, l'Ermes s'era deciso al passo fatale.

Era andato da lei.

La scusa, farsi fare un orlo a un paio di pantaloni.

E a un certo punto, chiusi gli occhi per fingere di essere solo, s'era lanciato.

Poteva, pagando s'intende, cedergli un paio... sì, un esemplare delle... delle sue mutande?

Elena Fulgenzi stava misurando la caduta di una braga sulla scarpa.

Aveva mollato il metro e sputato due spilli che stringeva tra le labbra, poi si era rialzata e gli si era messa di fronte.

Silenziosa l'aveva fissato.

L'Ermes, consapevole dell'azzardo e stimato al volo che la donna non aveva apprezzato, era corso subito ai ripari.

«Mi dispiace», aveva balbettato.

«No», aveva detto la donna.

«Mi deve scusare...» aveva proseguito il giovanotto.

«Perché», aveva mormorato la vedova.

Secca, senza interrogativo.

«È uno scherzo», aveva tentato di cavarsela l'Ermes.

«Perché», aveva ribadito la Fulgenzi.

Perché dalla sua casa non sarebbe uscito se non glielo avesse detto.

Era disposta a tutto, anche a far chiamare la madre del cretino e forse addirittura il maresciallo.

Quando era uscito da quella casa, a mani vuote naturalmente, l'Ermes non pensava più alla scommessa ma allo scampato pericolo.

La vedova Cereda invece era rimasta nella stessa posizione, in piedi, come se avesse ancora sotto gli occhi quel giovane, le sue parole continuando a rimbombarle nelle orecchie, vive come mani che l'avevano frugata.

7.

La Luisago aveva garantito alla Beregini di avere sottomano la persona ideale per quell'incarico. L'aveva fatto senza prima parlare con Rita Cereda.

Tuttavia era certa che non avrebbe trovato resistenze, anche in virtù di una diaria giornaliera pagata in parte coi fondi dell'amministrazione e in parte con quelli della San Vincenzo che, stante le sempre precarie condizioni economiche delle Cereda, sarebbe stato sciocco rifiutare.

Glielo disse convocandola presso la sala parrocchiale che era il luogo dove le dame si riunivano, ambiente tra i più austeri delle vestigia bellanesi. Voci mai confermate volevano che in quella stessa stanza fosse nato Nicolò Boldoni, avo di Sigismondo, professore alle Università di Pisa e Pavia, famoso medico all'epoca sua tanto da essere chiamato a consulto fino in Boemia per curare l'arciduchessa Maria e il re Rodolfo. A sostegno di tale tesi, che a nessuno era mai interessato contestare, sul muro dietro lo scranno su cui sedeva la presidentessa c'erano, dipinti a mano e un po' scrostati, i primi due versi di un sonetto a tema mistico di un'altra Boldoni, tale contessa Livia Boldoni Scotti.

Prima di pronunciare il sì col quale accettava, Rita dovette domare un brivido interiore poiché la triste fama del Carretta non le era ignota.

«Bene», disse allora la Luisago.

A breve le avrebbero fatto avere le istruzioni del caso.

E la congedò.

La vedova Cereda, messa a parte della novità, fu ancora più concisa della Luisago.

«Be'?» si limitò a chiedere.

C'era tutto in quella domanda e nell'anodina espressione del suo viso.

Fino a che si era trattato di partecipare alle riunioni...

«Di quelle!»

...di prendere parte alle...

«Pesche di beneficenza!»

...di portare un sacchetto di vestiti smessi...

«A qualche disgraziato!»

...aveva potuto sopportarlo.

Ma se adesso sua figlia andava a fare la serva nella casa di un lascivo e depravato come il Carretta, rinunciando all'ultimo brandello di dignità e senza tenere in conto quella della famiglia, non poteva pretendere di avere la sua approvazione.

Voleva il suo parere?

«Fa' come ti pare.»

Poi basta, e tacque.

L'algida reazione materna fu lì per far traballare la decisione di Rita. E così sarebbe andata se il giorno dopo la giovane non fosse stata invitata a recarsi presso l'ambulatorio del dottor Lonati per essere istruita su come regolarsi con la sempre più precaria salute del Carretta.

A seguire, Rita venne affiancata da suor Natalina, distaccata all'uopo dall'ospedale. Nel giro di un paio di giorni, al letto del malato, imparò lesta come mantenere pulite le ulcere del Carretta, aiutarlo a muoversi nel caso non fosse in grado, lavarlo e anche alimentarlo.

Che la faccenda fosse così impegnativa, Rita Cereda non l'aveva certo immaginato.

E la mattina in cui cominciò, il 25 marzo 1963, prima di avviarsi all'opera pregò in silenzio e sotto gli occhi di Vincenza, con la quale divideva la stanza, che qualche santo dal cielo l'assistesse.

8.

Fu al termine di quel primo mese che Rita comprese in pieno il senso del gesto che la madre le aveva rivolto tempo prima.

Non una benedizione sulla scelta di essere entrata a far parte della San Vincenzo, ma una vera e propria croce posta a sigillo della tomba della sua morte civile.

Come da istruzioni, alla fine di ogni settimana Rita riferiva alla Luisago sull'andamento dell'assistenza e riceveva una busta contenente il compenso della sua opera. Toccava alla presidentessa poi aggiornare la Beregini.

Stando così le cose, le uniche parole che Rita scambiava sulla sua attività erano quelle che passavano tra lei e la presidentessa. A domande precise, risposte stringate. In casa invece nessuno le chiedeva alcunché.

La madre, rigida nelle sue posizioni, s'era fatta un punto d'onore di non cedere nemmeno a certi momenti in cui una macabra curiosità la pungeva. A maggior ragione s'era confermata nella sua indifferenza da quando un paio di clienti le avevano riferito di aver visto la figlia sottobraccio al Carretta accompagnarlo a fare due passi per obbedire ai consigli del dottor Lonati, viste le pietose condizioni dell'apparato circolatorio dell'uomo.

«Che brava!» avevano commentato.

Ma con una sorta di pelosa approvazione dietro la quale la vedova aveva intuito una compassione tutt'altro che benevola.

Con la Vincenza Rita magari avrebbe avuto qualche

possibilità in più. I ritmi quotidiani delle due però non si incontravano facilmente. E poi Rita intuiva che per il bene stesso della sorella sarebbe stato meglio non coinvolgerla troppo, lasciarla nell'alone di sogno dentro cui la madre la teneva e la cullava.

Così, alla domanda che talvolta, soprattutto alla sera prima di addormentarsi, Vincenza le rivolgeva, Rita si limitava a rispondere: «Va bene», e niente più.

L'altra sorella invece era come se ormai non esistesse.

Notizie della Lirina giungevano ogni tanto grazie a voci che correvano di bocca in bocca e che riferivano quasi solo di chiassosi alterchi tra marito e moglie, entrambi ubriachi, forse più lei di lui.

Alla fine del primo mese Rita, una sera, terminata la cena, atteso che Vincenza andasse a letto, tese alla madre una busta in cui aveva raccolto l'intera somma di quelle prime quattro settimane.

Elena Fulgenzi scosse la testa.

Cos'era?, senza parlare.

«Guarda», la invitò Rita.

Con degnazione la donna prese la busta e l'aprì quel tanto per lasciarci cadere giusto un'occhiata.

«Soldi?» chiese.

«Per la casa», suggerì Rita.

«È mai mancato qualcosa a te e alle tue sorelle?» replicò la vedova Cereda.

Bastò a chiudere ogni possibilità di dialogo.

La busta restò sul tavolo. L'indomani mattina era ancora lì. La riprese Rita e non tentò mai più di offrirla a sua madre.

Né quella né le altre che seguirono fino al marzo successivo, quando sembrò che la fine di Annibale Carretta fosse davvero ormai prossima.

9.

Quella mattina l'aria era freschetta.

Anche profumata di lago.

Sembrava che si stesse preparando vento, ma la Luisago parve non farci caso.

«Avrei dovuto coprirmi di più», disse poco dopo essere uscita da casa.

Era stata Rita a chiederle di accompagnarla dal Carretta perché da qualche tempo le sembrava che la situazione fosse peggiorata, in quegli ultimi giorni soprattutto.

Direttiva precisa emanata dalla Luisago, che teneva al ruolo di supervisore quanto a quello di ufficiale di raccordo con le autorità, quella di riferire a lei in primis. Solo dopo una «presa visione», come la definiva, avrebbe deciso se fosse stato il caso di contattare il dottor Lonati. Così aveva fatto Rita che lungo la strada l'aggiornò sui segnali che l'avevano fatta preoccupare.

Il sonno per esempio. Da qualche giorno il Carretta dormiva più del normale ed era difficile trarlo da quel sopore. Giusto due giorni prima, entrata in casa, s'era trovata davanti al letto vuoto mentre il suo assistito era seduto a terra, come l'avessero sgonfiato, la testa ciondoloni e lordo come mai le era capitato di trovarlo. Il giorno prima invece, dopo averlo sentito strologare di un viaggio in treno di cui aveva capito ben poco, se l'era trovato faccia a faccia (quell'occhio giallo e quelle labbra secche secche facevano davvero impressione!), e le era sembrato di avere sotto gli occhi un cadavere.

«Forse», aggiunse Rita, «converrebbe avvisare il signor prevosto affinché gli porti gli oli santi.»

La Luisago soppesò la richiesta.

Del Carretta e del suo trapasso in fondo le importava poco, era destino, di lui come di tutti.

Il prevosto, il viatico quindi, d'accordo.

Ma quel momento fatale per lei significava anche che era giunta l'ora di scendere in campo e dare corso a un progetto che da tempo meditava e sul quale aveva mantenuto sino ad allora un rigoroso silenzio.

«Provvederò», rispose quindi.

Poi riprese la strada e una volta entrata nella casa del Carretta le bastarono l'odore che vi regnava e un'occhiata alla macilenta figura dell'ex ciabattino per capire che non poteva attendere oltre.

10.

Alla Luisago sarebbe piaciuto passare alla storia dell'associazione come la presidentessa che l'aveva dotata di una propria sede, anziché essere ospite della sala parrocchiale. Sarebbe bastato anche un solo locale, come da richiesta che da tempo immemorabile giaceva in un cassetto della scrivania del sindaco.

Gli alpini, l'AVIS, i mutilati e invalidi, la pro loco, il corpo musicale però occupavano già tutti gli spazi preposti all'uso pubblico e i solleciti che di tanto in tanto il consiglio delle dame facevano pervenire alla giunta tramite la Beregini ottenevano sempre la stessa risposta: cioè che ben altri erano i problemi che l'amministrazione doveva affrontare.

Quei due locali che si sarebbero liberati alla morte del Carretta non erano forse l'ideale?, aveva da tempo pensato la Luisago.

La fine dell'ex ciabattino sembrava avvicinarsi sempre di più, le relazioni che Rita le forniva regolarmente lasciavano pochi dubbi. L'Annibale era sempre più dipendente dal suo aiuto. Anche arrendevole, fatto che ne sottolineava il declino, al punto che, aveva raccontato Rita non senza una punta d'orgoglio, era riuscita a farlo pregare insieme con lei. Vero è che il Carretta il più delle volte biascicava parole che andava a pescare in chissà quale pozzo della sua memoria e spesso si addormentava a metà di qualsivoglia orazione.

Erano, quelle, notizie che la vedova Cereda si rifiutava

di ascoltare. Più ore la figlia passava nella casa di quello più si sentiva assediata dalla vergogna, invasa da torbide fantasie. Avesse potuto avrebbe dissolto tutto ciò che le stava intorno, salvando solo sé stessa e la bella Vincenza.

Alla Luisago invece quelle stesse davano la forza per confermarsi nel suo progetto, ottenere i due locali e metterci il sigillo della San Vincenzo.

La prima mossa fu tastare il terreno, interrogare la Beregini pur stando sul vago e senza escludere che la Pericleta potesse allearsi con lei.

Le sottopose la questione una sera, fingendo un incontro casuale dopo la messa.

E tra una chiacchiera e l'altra, come se le fosse venuto in mente in quel momento, sparò la domanda.

Una volta morto il Carretta, e pace all'anima sua!, che fine avrebbero fatto quei due locali?

Domanda alla quale la Beregini rispose con ecumenico candore.

«Prima bisogna che renda l'anima a Dio.»

Dopodiché la salutò perché aveva una certa fretta, l'attendeva una giunta.

11.

Era notte, notte fonda, quando Pericleta Beregini sobbalzò nel proprio letto.

Eh, i bei sonni della gioventù!

Quel dormire col sorriso sulle labbra e una voce familiare che ti avvisava che era ora di alzarsi!

Voci, nella sua casa, nessuna, da anni.

Gli echi di quelle passate se mai. I ricordi dei volti, delle bocche da cui certe parole erano uscite e che spesso ne accompagnavano l'ingresso nel sonno per restarci, diventare sogni, spezzoni di vita vissuta che la Beregini dimenticava al mattino, oppure che la svegliavano, facendola sobbalzare come quella notte.

La sera prima Pericleta Beregini s'era coricata con in testa le parole della Luisago che avevano richiamato pensieri di morte. Non le erano nuovi e da tempo ci aveva fatto la pace.

Ma il sogno, libero da costrizioni, le aveva riproposto una scena di anni prima, quando si era reso necessario riesumare il corpo di sua madre e ricomporne le ossa per ospitarle in un colombaro. Si era trattato di un'esumazione straordinaria: una settimana di pioggia violenta, insistente aveva scavato la terra sotto la quale riposava la donna. Il custode del cimitero aveva consigliato di intervenire non appena possibile poiché a suo giudizio l'infiltrazione dell'acqua aveva raggiunto la bara con conseguenze facili da immaginare.

Aveva proceduto una mattina di fine novembre, mattina di vento freddo e teso ma splendida di colori che nel sogno abbagliavano ancora di più.

La Beregini s'era incontrata col seppellitore Biavaschi presso il cimitero verso le undici. Era stato lui a darle appuntamento per quell'ora, garantendole che non avrebbe trovato altro che le ossa della genitrice già raccolte nella cassetta.

Così era stato.

La Beregini avrebbe voluto accompagnare quei resti nel colombaro predisposto in silenzio, concentrandosi su quel momento. Ma non aveva fatto i conti con la facondia del Biavaschi, che spesso, per giorni interi a volte, era costretto a interminabili soliloqui al fine di poter sentire la voce di un essere umano vivente.

Così l'uomo, scherzando, forse con l'intento di alleggerirle il momento, le aveva detto che, nonostante potesse sembrare il contrario, anche in quel luogo accadevano delle cose.

Com'era stato una mattina quando, dopo un vento cattivo che aveva soffiato per la notte intera, era stato costretto a un lungo giro tra le tombe per raccogliere vasi e altri oggetti volati qua e là lungo i vialetti.

Passando davanti alla tomba della Celsa Carretta, un rettangolo di terra con una misera lapide (nome e cognome, data di nascita e morte, una prece), s'era trovato la sorpresa di un enorme mazzo di fiori legato da un nastro su cui era la scritta: «Tuo figlio». E qualche giorno più tardi aveva ricevuto una lettera dallo stesso con la richiesta di impegnarsi a mantenere il decoro di quella tomba, ovviamente dietro pagamento.

«O madòna!» balzò a sedere sul letto Pericleta Beregini.

Il Biavaschi, ridendo, le aveva detto che il figlio della Celsa doveva essere entrato di notte al cimitero, ben oltre l'ora di chiusura, proprio come un fantasma.

Ma, altro che fantasma!

Madonna santa!, ripeté la Beregini nel buio della sua camera.

Il figlio!

Chi se ne ricordava più?

12.

Frenetica, e con due rose di colore sugli zigomi ossuti, alle sette e trenta della mattina seguente la Beregini entrò negli uffici comunali spinta dall'urgenza di conferire con il segretario, ragionier Giorgio Boni Celletti.

Al suo ingresso, il messo comunale Ottomini levò gli occhi dalla «Gazzetta dello Sport», la sua preghiera mattutina, poi, vedendo di chi si trattava, li riabbassò subito sulle ginocchia dove teneva il giornale. D'altronde non erano ancora le otto, per un'altra mezz'ora poteva permettersi di continuare a leggiucchiare. Il capufficio Obinati, abituato anche lui a entrare in anticipo, stava rimettendo in riga biro, matite e gomme che la donna delle pulizie scompaginava durante i suoi passaggi serali.

Alla sua occhiata interrogativa la Beregini chiese del segretario.

«Non c'è», rispose l'Obinati, conciso.

E circa l'orario di arrivo: «Variabile», chiarì.

Il ragionier Giorgio Boni Celletti doveva rendere conto solo a sé stesso.

«Aspetterò», disse allora la Beregini senza che nessuno se ne curasse.

Alle otto in punto entrarono, ciacolanti, le due impiegate che completavano l'organico dell'ufficio, addetta all'anagrafe l'una, l'altra semplice dattilografa. Alla vista della Beregini, seduta nell'area riservata al pubblico, lo sguardo rivolto alla fotografia del presidente della repubblica Antonio Segni, sospesero un istante le chiacchiere.

Poi le ripresero e conclusero, salutandosi infine come se dovessero andare chissà dove e non alle rispettive scrivanie, una di fronte all'altra.

Per un'ora buona non ci fu altro rumore se non il battere a mitraglietta di una macchina per scrivere, l'imponente Everest in dotazione alla dattilografa, lo sbattere di un paio di cassetti, ogni tanto una mezza frase masticata dal capufficio Obinati.

Fu alle nove spaccate che il messo si alzò e, non prima di essersi stirato, partì alla volta della porta da cui accedeva il pubblico per aprirla.

Al ritorno era seguito dal segretario comunale, ragionier Giorgio Boni Celletti.

Cinquantenne, gioviale, il Boni Celletti aveva un modo di parlare sincopato e il vezzo di trattare con una certa condiscendenza le donne in età, soprattutto se zitelle come la Beregini.

Dopo il «Buon-giorno» cui tutti risposero variando sul tema («Buongiorno dottore», «'Giorno ragioniere», «A lei», «'Giorno»), quando vide la Beregini quasi recitò: «Peri-cleta, come mai qui?».

L'assessore era già in piedi, adorante, tant'è che senza rendersene conto aveva giunto le mani.

«Ho urgenza assoluta di parlare con lei», disse a parole ma ancora di più con lo sguardo acceso.

Il Boni Celletti si intenerì davanti a tanta virginale emozione.

«Ma cosa c'è, cosa c'è...» sbottò, chinandosi verso di lei come se la Beregini si fosse rimpicciolita, tornata bambina, appena uscita da un sogno in cui le era apparso l'uomo nero.

«Le posso dire qui?» chiese Pericleta.

«No», fece il Boni Celletti.

Nel suo studio, precisò poi, notando che le orecchie delle due impiegate si stavano visibilmente allungando.

13.

«Oscar Carretta?»

Alla chiamata del segretario, l'addetta all'anagrafe Ampella Sigonini s'era avviata non prima di essersi lisciata gonna e camicetta e senza degnare di uno sguardo i colleghi, curiosi, tranne il capufficio Obinati.

Poi, una volta appreso il motivo della convocazione, chiarire ove possibile la posizione di tal Oscar Carretta, dapprima aveva risposto così.

Oscar Carretta?

Poi emise un verso, un singulto, forse un colpo di tosse rattenuto.

Non aveva alcun bisogno di andare a scartabellare nei suoi archivi.

Perché l'Oscar Carretta, il figlio di quel triste dell'Annibale, una enne sola, e di quella disperata della Celsa, non era più residente a Bellano da anni otto. Cancellato dall'anagrafe e dalle liste elettorali causa cambio residenza, trasferito e sposato.

«Dove?» chiese il segretario.

«Vicoforte», rispose l'Ampella.

Professione, aggiunse, ancora muratore ma alle dipendenze dell'amministrazione del di là santuario.

«Che santuario?» chiese il Boni Celletti.

«Di Vicoforte», ripeté l'Ampella.

«Sicilia?» azzardò il segretario.

Quel nome, chissà perché, gli aveva evocato l'immagine di una piana assolata, qualche prete dalle spalle cariche di forfora, gruppetti di accaldati turisti in braghetta e sandali in giro per la Sicilia alla scoperta di ruderi, dove un santuario con quel nome ci stava bene.

La Beregini lo trasse dalla fantasia, insorgendo.

«Ma, ragioniere!»

Come si poteva non conoscere uno dei santuari più grandi e famosi del mondo per via della sua cupola ellittica, ma non solo! Un santuario voluto da Carlo Emanuele di Savoia, eretto attorno a una piccola immagine della Madonna gemente sangue dopo che un cacciatore l'aveva colpita...

«Va bene, d'accordo», la interruppe il Boni Celletti.

Ma se Vicoforte non era in Sicilia, dove diavolo era?

«Provincia di Cuneo», gareggiarono a rispondere la Beregini e l'impiegata.

«Bene allora», concluse il segretario. «Visto che sappiamo dov'è ed è pure dipendente del santuario non sarà difficile rintracciarlo e metterlo al corrente di quello che succede.»

L'Ampella non si mosse, se c'era in ballo qualcosa le sarebbe piaciuto saperlo.

Il segretario la guardò.

«Bel lavoro», le disse con l'intenzione di congedarla, «la ringrazio, può andare signora.»

«Signorina», puntualizzò la Sigonini piccata.

«Come crede», fece il Boni Celletti.

14.

Toccò attendere una settimana prima di avere notizie del Carretta junior.

Il telegramma che partì alla volta di Vicoforte, Carretta Oscar-ufficio manutenzione santuario Vicoforte-Cuneo, non poteva essere più chiaro di così.

Forse un po' troppo succinto, d'altronde i telegrammi costavano. Ma cos'altro si poteva dire se non: «Stato genitore gravissimo stop urge sua presenza stop?».

A telegramma però non rispose telegramma.

Dopo una settimana, nel corso della quale Pericleta Beregini passò ogni giorno dal ragionier Boni Celletti per chiedere se vi fossero novità, la risposta giunse.

Tramite lettera di cui lo stesso segretario diede lettura durante una giunta straordinaria convocata per l'occasione.

Spettabile Amministrazione Comunale,

preso atto della notizia comunicatami a mezzo telegramma mi pregio informarvi che il fatto non riveste per me interesse alcuno avendo chiuso i conti con il mio passato nel momento in cui ho volontariamente, e direi anche finalmente, abbandonato quella casa che mi risulta ostico definire paterna, col preciso intento di mai più rivederla. In questo mio desiderio di seppellire i più infelici anni della mia vita è compreso anche quello di cancellare il luogo dove sono nato, ragione per la quale vi ho fatto ritorno una sola volta, protetto dal buio,

per onorare la tomba dove finalmente ha trovato pace la mia povera madre, affidandone la cura al custode che regolarmente pago due volte all'anno. Per quanto concerne le necessarie devozioni mi è facile espletarle qui, nel luogo dove ho infine trovato la pace e la felicità.
Venendo agli aspetti pratici della situazione mi rendo disponibile a sostenere le spese del funerale di Annibale Carretta qualora, come mi è facile immaginare, non abbia di che pagarselo e prego affinché la salma non venga seppellita vicino a mia madre così che possa continuare a godere una pace che in vita non ha mai avuto. Circa le sue sostanze, che sono certo siano poca cosa, dichiaro di non volerne sapere, rendendole disponibili a qualunque destinazione, la migliore delle quali potrebbe essere donarle a chi potrà farne uso corretto.
Allo scopo allego una dichiarazione autografa e certificata dal notaio che su mie indicazioni ha steso la presente lettera. Altro non mi resta da aggiungere se non un definitivo, convinto addio.

In fede

Carretta Oscar

15.

Alla notizia che c'era un figlio, quindi un erede, Luisago Ornella aveva masticato amaro.

Nessuno, proprio come lei, ne ricordava l'esistenza.

Ma al momento giusto ecco che saltava fuori!

La Beregini aveva risposto allargando le braccia.

Cosa ci voleva fare?

Quando però venne informata della drastica risposta del Carretta junior, riprese slancio, decise di fare da sé, agguerrita più che mai, senza mediatori: il segretario comunale doveva starla a sentire e soprattutto convincersi della bontà del suo progetto.

«Certo», rispose questi dopo averla ascoltata, uno sguardo al naso della donna e uno alle proprie unghie, «una volta liberi l'amministrazione potrebbe acquisirli.»

L'idea che la Luisago gli aveva sottoposto era in sé buona, buonissima.

Ma poi?

Destinarli d'ufficio alla San Vincenzo prevaricando CAI e Polisportiva che avevano fatto analoghe richieste e ben prima delle dame da lei rappresentate?

«La municipalità non può inimicarsi questa o quella associazione, fare favori particolari, creare malumori e nemmeno correre il rischio di incappare in contenziosi di cui non si avverte la minima necessità, se mi comprende.»

Luisago Ornella comprendeva.

«Però non sono il CAI e men che meno la Polisportiva ad assistere il Carretta», replicò.

«Ciascuna delle associazioni ha i suoi compiti e i suoi limiti», osservò il segretario.

E con quella battuta il Boni Celletti ritenne di aver sistemato la questione.

Ma si illudeva.

Perché proprio mentre replicava, Luisago Ornella vide una luce accendersi.

Parlarne col segretario le parve non fosse cosa.

Alla Beregini piuttosto, che tra l'altro avrebbe potuto diventare un'ottima alleata se solo avesse voluto.

Una soluzione comoda comoda. Gliela espose in un tardo pomeriggio, seduta nella sala di casa Beregini, un locale pesante di mobili vecchi che davano all'aria un vago colore marrone.

«Se il Carretta finché è in vita donasse alla nostra Rita i suoi due locali lei poi sarebbe libera di farne ciò che vuole, non crede?»

Il pragmatismo dell'ospite le era ben noto, ma la Pericleta mai avrebbe immaginato che si potesse spingere fino a quel punto.

Il ragionamento non faceva una piega, tuttavia si permise una prima osservazione.

«Sarà disposta ad accettare una simile proposta?»

«Perché no», rispose la Luisago. Non dubitava dell'obbedienza cieca e assoluta della Scionca.

La Beregini assentì, stupita di tanta sicurezza.

Però...

«Però?» si asciugò la Luisago che non voleva ostacoli là dove non ne vedeva.

«Dico», rispose a labbra strette Pericleta Beregini, «potrebbe anche decidere di tenerseli.»

Il volto di Luisago Ornella si allungò tanto quanto poteva.

«E cosa se ne farebbe?» ribatté poi.

Sottinteso, una così.

16.

Alla morte del Carretta la donazione era cosa fatta da oltre un mese.

Impeccabile regista dell'operazione era stata Luisago Ornella cui la Beregini, quando quella era tornata sull'argomento, le aveva detto di non volerne sapere niente.

«Quale amministratrice non posso favorire gli interessi di uno a discapito dell'altro. Senza considerare che, nel caso specifico, se non si tratta di circonvenzione d'incapace poco ci manca. Non l'ha sfiorata il pensiero e la figuraccia alla quale esporrebbe la sua associazione?»

Certo, mica era scema, aveva pensato la Luisago. Per quello aveva studiato come fare. Naturalmente pro domo sua.

Aveva messo sotto assedio il Carretta. Vincendo la ritrosia che provava nell'entrare dentro i locali dell'ex calzoleria, ne era diventata ospite assidua tenendo all'uomo discorsi pacati e insaporiti di belle intenzioni.

Il figlio, tanto per cominciare. Che, mentì, avrebbe fatto il possibile per giungere al capezzale del genitore quanto prima pur trovandosi lontano al momento, forse all'estero. Ma che per intanto aveva espresso per lettera la volontà certificata da un notaio di rinunciare ai due locali e darli in beneficenza, destinandoli a chi ne avesse più bisogno, a qualcuno insomma che se li meritasse. L'impressione che aveva avuto, dopo quelle parole, era che di quel figlio il Carretta manco si ricordasse oppure non gli importasse un fico.

Tanto meglio, s'era detta.

Perché quindi non destinarli a quell'angelo che da tanto tempo l'assisteva e che avrebbe continuato a farlo fino a... be', nessuno poteva saperlo o dirlo.

«Ma che non pensasse a un testamento!»

Testamento, che brutta parola!

Come se fosse in fin di vita!

«Una bella donazione invece, semplice semplice.»

Che avrebbe sistemato tutto in quattro e quattr'otto e prevenuto contestazioni che...

Insomma...

«Si sa come vanno certe cose quando c'è di mezzo un testamento», aveva sospirato la Luisago.

E: «Siamo d'accordo?» aveva infine stretto la donna.

Il Carretta aveva risposto con un movimento del capo che la presidentessa aveva preso per un sì. E che fosse davvero un sì o qualcosa d'altro l'affare s'era concluso.

A redigere l'atto, recandosi, bontà sua, presso l'antro del ciabattino per la lettura e la firma, che la mano secca della Luisago aveva guidato, era stato il notaio Antigono Barbujani, testimoni le signore Grassi Testarea e Filipetto Fiorella, membri anziani dell'associazione ed entrambe dotate di dentiera.

Un evento la presenza del notaio, perché per mesi interi, avendo casa e bottega nello stesso stabile, il Barbujani non usciva dai suoi domini e spesso nemmeno scendeva nel suo studio, facendosi recapitare nel salotto o in camera sua gli atti che doveva visionare da una scavata segretaria di nome Leucotea.

Era stata forse lei, deceduto il Carretta, a lasciarsi sfuggire il nome di Rita Cereda quale erede della bottega?

In ogni caso, quale che fosse la bocca da cui era filtrata, la notizia aveva impiegato ben poco a girare, facendo anche nascere chiacchiere.

Tant'è che, tre giorni dopo il funerale, sul muro che dava di faccia a casa Cereda era comparsa una scritta in biacca che recitava: «Rita la Scionca la mano non l'hai monca».

L'allusiva rimetta aveva resistito un paio di giorni, per l'ulteriore vergogna della vedova Cereda, fino a quando lo spazzino comunale l'aveva coperta con un'altra spessa mano di biacca.

Ma ormai il danno era fatto.

Rita soprattutto aveva patito gli equivoci sottesi a quella scritta. E la San Vincenzo, compatta come un sol uomo per licenza poetica, si era mossa a sua protezione, Luisago Ornella in testa, timorosa che la giovane potesse cedere allo sconforto e rivelare a chi fossero realmente destinati quei locali. Bisognava pazientare un po', lasciare che la cosa cadesse nel dimenticatoio prima di rivelare la verità. I maldicenti si sarebbero morsicati la lingua e le associazioni ancora in cerca di una sede si sarebbero messe l'animo in pace. Un paio di mesi, giusto il tempo per lasciar calmare le acque.

«E tu uscirai da questa prova più forte e degna di essere additata quale esempio.»

Ma intanto Rita soffriva, in silenzio e senza possibilità di sfogarsi, men che meno dentro le mura di casa sua. Aveva ben presenti l'atteggiamento della madre e le parole che le aveva rivolto quando l'aveva messa al corrente della manovra.

Un ritrarsi all'indietro, come avesse avvertito un cattivo odore. Di certi traffici non voleva sapere niente. Per il resto, che la figlia facesse come le pareva. Tanto, ormai...

17.

Quando Maria Pia Brocchi scese dal treno per prima cosa si mise gli occhiali da sole.

Li avrebbe indossati anche se fosse stata una giornata plumbea e piovosa e non la solare, benché fredda, giornata di metà gennaio.

Con sul naso quegli affari le sembrava però di segnare una netta differenza tra ciò che era stata nel luogo dove era nata e cresciuta e quello che adesso era diventata. Da dieci anni cittadina, risiedendo in Lecco, dopo aver sposato un caporeparto delle meccaniche Torcolani.

A Bellano saliva (diceva proprio così, «Salgo a Bellano») due sole volte all'anno, in giugno e dicembre, obbedendo a un ben preciso motivo: riscuotere l'affitto della casa dov'era cresciuta, ora locata alla vedova Cereda con le due figlie.

Cosa faceva lì, adesso, sul marciapiede della stazione, a guardare il paesaggio attraverso i fanali che aveva sugli occhi come se non lo riconoscesse?

Per il momento era cosa nota solo a lei e all'addominale marito.

Mesi prima i due avevano preso parte a una gita della bocciofila lecchese, di cui l'uomo era consigliere. Al momento del pranzo, presso la trattoria Al fagiano dipinto di Albinea, al loro tavolo s'era accomodato Leonardo Gepode, fresco di pensione e dalla lingua vivace cui aveva dato subito piena libertà dichiarando innanzitutto che per lui andare in pensione era stato come fare una trasfusione di sangue fresco. Mica s'era fatto prendere in contropiede. Ne aveva visti troppi che, una volta pensionati, si rincoglionivano alla velocità della luce, frequentando circolini, rincretinendosi di scopa e briscola oppure passando le giornate con l'unico pensiero rivolto al pranzo e alla cena.

Lui, grazie al figlio, s'era trovato bella e pronta una seconda attività.

«Ramo immobiliare», aveva dichiarato con lo sguardo rivolto a un ipotetico orizzonte.

Cominciata quasi per caso ma, grazie al figlio che aveva la vista lunga, diventata ormai una florida attività con sorprendenti prospettive di espansione.

Mentre gli altri commensali pensavano a riempirsi la pancia, il Gepode aveva continuato a tenere banco. Aveva raccontato tutto partendo dall'inizio, da una casetta di Nesso di proprietà della moglie che lui aveva tentato di vendere.

«Tenerla per cosa?»

Per vedere il lago non c'era bisogno di andare a Nesso, c'era anche a Lecco se proprio uno ne sentiva la mancanza.

«Realizzare qualche soldino invece.»

Ma non c'era stato niente da fare.

Per un paio di anni il cartello «Vendesi» era stato lì a impallidire sotto il sole e l'umidità. Poi un bel giorno aveva ricevuto una telefonata.

«Tedeschi.»

Tra un fainzenfunzen e l'altro gli avevano chiesto se era intenzionato ad affittare la casa per un mesetto d'estate.

«Perché no?»

E lì era cominciato tutto. Perché i crucchi gli avevano prenotato un altro mese per l'anno dopo, non solo. Gli avevano mandato una coppia di amici che volevano stare sul lago fino a Natale, tedeschi anche loro, una specie di panzer lei, lui un matausen invece che c'era da ridere a pensarli a letto assieme.

«Totale», aveva comunicato il Gepode, «in sei mesi ho messo in tasca quello che con un affitto normale potevo guadagnare in tre anni.»

Poi era arrivato il figlio, geometra.

«Sveltone», aveva sottolineato il Gepode, fischiando e passandosi il pollice sulla guancia.

Due anni di apprendistato in uno studio che amministrava condomini, case sfitte e cose così. Aveva fiutato l'affare. Gli aveva detto: papà, se mi dai una mano all'inizio mi metto per conto mio.

«Perché no?»

C'erano più case sfitte sul lago che pesci nell'acqua.

«Per farla breve», aveva continuato il Gepode mentre veniva servito il secondo, «adesso c'abbiamo la nostra bella agenzia.»

«Domus mea, domus tua.»

Il nome glielo aveva consigliato la morosa del figlio che studiava il latino.

Al sentire quel profluvio di parole la Maria Pia s'era sentita gonfiare il portafoglio.

La sera, rientrata a casa, al marito un po' imbesuito dal viaggio in torpedone aveva buttato lì l'idea che le si era formata in testa.

«Con la mia casetta di Bellano potrei fare la stessa cosa.»

«Cioè?» aveva chiesto l'uomo un filo allarmato.

Mica mettere su un'agenzia come lo sgonfione che aveva predicato per tutto il pranzo, aveva subito precisato lei. Però, magari, affittarla a qualche turista, un mese a uno, un mese all'altro, insomma cavarci un po' di più di quello che rendeva adesso.

«Gliel'hai voluta dare tu a quella morta di fame», le aveva risposto il marito, il cui unico desiderio era infilarsi a letto.

Era vero.

La donna non aveva rimbeccato.

Ma il pensiero la intrigava.

Quindi, tenuta in veglia dai rumori di lui, aveva cominciato a girargli intorno. Fino a che, tempo dopo, non aveva compreso come avrebbe potuto realizzarla.

E verso la metà di gennaio era «salita a Bellano» con le idee chiare.

18.

Al vedersela sulla soglia di casa la vedova Cereda impallidì.

Era irritazione, fastidio, non altro.

Dopo le due inevitabili e annuali visite della Brocchi, alla Cereda toccava sempre mettere in conto quasi una settimana per comporre il dispetto che quella donna le provocava. Scompariva per lisi, ma mai del tutto.

I suoi modi affettati, quel tenersi gli occhiali scuri, il sedere in pizzo come temesse di sporcarsi. E poi gli sguardi che dava in giro per assicurarsi che la sua casetta fosse tenuta a modo e il raccomandarsi, ogni volta, che nessuno dei pochi mobili che l'arredavano, pure quelli di famiglia, venisse spostato poiché le piaceva rivedere così com'era sempre stata la casa dov'era cresciuta.

Ma, dopo la sgradita sorpresa di trovarsela sotto gli occhi a metà gennaio, alla Cereda sorse il sospetto che quella visita portasse guai.

Quindi?

«Devo parlarle di una cosa», disse la Brocchi dopo che le due si furono scambiate anodini saluti e ancora stavano una di fronte all'altra sulla soglia di casa.

La vedova Cereda avvertì un pericolo.

Quanto le sarebbe piaciuto rispondere: «Dica, avrei una certa fretta», tenerla lì.

Invece si costrinse a farla entrare, invitarla ad accomodarsi, chiederle se gradiva un caffè, «No, grazie», e infine: «L'ascolto».

Maria Pia Brocchi per l'occasione si tolse gli occhiali e li posò sul tavolo di cucina. Voleva che il suo sguardo, provato e riprovato davanti allo specchio di casa, rinforzasse quello che stava per dire.

Non poteva dimenticare che la Cereda aveva un regolare contratto, tra l'altro rinnovato appena l'anno precedente.

Perciò doveva metterla nella condizione di decidere da sé che era suonata l'ora di sloggiare e magari il prima possibile.

19.

Febbraio mordeva come non mai. Da giorni soffiava vento da nord, freddo e teso, che fischiava senza mollare un attimo. Di notte soprattutto nei giri che l'aria faceva nelle contrade pareva di udire versi di animali, gridi, addirittura parole storpiate.

Luisago Ornella era uscita da casa intabarrata come se dovesse affrontare le steppe russe. Passando davanti ai locali del Carretta, ancora chiusi nel segreto di ciò che sarebbero diventati di lì a un po', avvertì dei rumori.

Provenivano da lì, non poteva sbagliare.

Visto che la porta era aperta cacciò dentro il naso, una piccola ciliegina rossa rossa, e si trovò faccia a faccia con due schiene impolverate. Erano quelle di Sario Ortiga, detto Piaga, e del suo socio Mirandolino, muratori, che s'erano accordati con la vedova Cereda: in dieci giorni avrebbero sistemato i due locali purché li pagasse a ogni fine giornata.

«Cosa state facendo?» chiese ai due che non s'erano accorti della sua presenza.

La risposta le giunse da quello che stava sbadilando terriccio raccogliendolo in una carriola.

Laconica, non era poi così difficile capirlo.

«Lavoriamo.»

E avrebbero preferito continuare senza rotture di balle.

«Ma chi ve l'ha ordinato?» chiese la Luisago sconcertata.

Parlare stanca.

Le rispose infatti l'altro muratore che stava dando vigorosi colpi di mazzuolo a un settore di muro destinato a circondare una finestra.

«La padrona.»

«La padrona?» fece eco Luisago Ornella incredula.

Le sembrò che quella parola le entrasse finalmente in testa, chiarendone il senso, grazie ai colpi del mazzuolo che aveva ripreso a picchiare con regolarità.

Ma quale padrona?

Il Piaga si fermò un istante, puntò il badile, si girò.

Quante ce n'erano, mille?

L'unica, no!

Elena Fulgenzi, vedova Cereda.

20.

Dopo che Maria Pia Brocchi, «salita e scesa da Bellano», le aveva posto quella sorta di ultimatum, alla Cereda era rimasto ben poco da fare o da sperare.

Sentiva di non avere scelta e vedeva nuove, forse insormontabili difficoltà in arrivo. Per il resto della giornata non era riuscita a fare altro che ripensare alle parole di quella, un'irrequietezza che l'aveva via via spossata.

A sera l'aria della cucina s'era raffreddata concorde con la minestra nei piatti. La lentezza con cui la madre cercava di forzare lo stomaco a ricevere qualche cucchiaio di brodo aveva rallentato anche Rita e Vincenza.

Il silenzio.

Quel silenzio, cui i trattenuti risucchi delle commensali davano un tratto di mestizia, testimoniava che si stava preparando qualcosa.

O forse la loro madre aveva solo mal di testa?, s'erano chieste Rita e Vincenza.

Capitava.

Capitava soprattutto quando erano alle viste nuovi guai come se non bastassero i vecchi: un debito imprevisto, l'ennesimo litigio tra la prima figlia e il muratorucolo, riferito sempre con pelosa solidarietà, la lamentela di una cliente per un lavoro che non era riuscito come l'aveva desiderato e magari si rifiutava di pagare.

Il mal di testa, vero o presunto che fosse, tappava la bocca alla vedova Cereda ed era inutile tentare di forzarla a parlare.

Chi poteva aiutarla d'altronde quando si profilava qualche problema, su quali forze poteva contare se non sulle sue proprie, e basta?

Tuttavia quello che era capitato il mattino l'aveva messa nell'angolo. Quindi, quando aveva compreso che nemmeno più un cucchiaio di minestra le sarebbe entrato nello stomaco, s'era decisa a parlare.

Secca, com'era sua abitudine.

«Oggi», aveva detto, «è stata qui la padrona di casa.»

Vincenza era stata lì per dire qualcosa, la madre l'aveva bloccata con un gesto della mano. Non era il momento di fare domande o chiacchiere inutili. Parlava lei.

«Mi ha chiesto di non fare entrare più estranei in casa.»

«Estranei?» era sfuggito a Rita.

«Le mie clienti», aveva chiarito la Cereda.

E nel riferire la cosa aveva risentito il tono allusivo di quella viperetta come se i suoi clienti non fossero perlopiù donne che dovevano farsi aggiustare un vestito oppure ordinare una gonna, ma ben altro.

«Ha fatto anche qualche riferimento all'ispettorato del lavoro», aveva aggiunto. Non sapeva dire con quale cognizione di causa ma da una come quella ci si poteva aspettare di tutto.

Il silenzio era ricalato sulla tavola, inutile fare altre domande. Sembrava che il tempo, scandito sino ad allora da momenti usuali come quello della cena, si stesse preparando ad andarsene per lasciare spazio a qualcosa d'altro, forse un ospite privo di parole.

Rita allora si era alzata, gesto consueto poiché toccava a lei sparecchiare la tavola.

Ma non l'aveva fatto per quello.

«Ci sarebbero i due locali del Carretta», aveva detto.

Aveva parlato tenendo gli occhi bassi, non poteva dimenticare quanto sua madre avesse disprezzato quell'uomo, la sua casaccia, mai considerato i lunghi mesi in cui lei l'aveva assistito.

«Vorresti dire?» aveva ribattuto la vedova Cereda.

Rita aveva alzato lo sguardo, fisso sul viso di sua madre.

Possibile, avrebbe voluto dire, che non capisse?

Altroché se capiva invece.

Ma non voleva darlo a vedere.

Toccava a lei parlare ancora, dire quello che anche gli occhioni sgranati di Vincenza stavano aspettando.

Rinfrescati, ammodernati quel tanto che bastava, quei due locali potevano diventare un piccolo ma dignitoso laboratorio di sartoria. Le paturnie della Brocchi sarebbero così state sistemate. Tra l'altro aveva anche qualche risparmio, i soldi della diaria settimanale mai spesi...

«Il resto verrà», aveva concluso.

«E le tue dame?» aveva chiesto sua madre, un tono che non riusciva a prescindere dalla consueta durezza.

Rita era arrossita.

«Se ne faranno una ragione. Di fatto quel posto è mio», aveva risposto.

«Ti sommergeranno di chiacchiere, cattiverie», aveva osservato la Cereda.

«Non ci sono forse abituata?» aveva ribattuto Rita senza acredine.

«Tocca a te decidere», erano state le parole della madre.

«L'ho già fatto», aveva risposto Rita.

Alla vedova Cereda era venuto un tremore al mento, le era scappato uno sguardo, subito distolto, verso Vincenza, in quel momento estranea come una statua.

«Allora è deciso», aveva sentenziato la vedova Cereda.

E da padrona quale s'era sentita da subito aveva preso in mano il comando delle operazioni.

O dell'«ignobile imbroglio», come Luisago Ornella lo definì.

21.

Manco più si ricordava per cosa fosse uscita da casa Luisago Ornella.

Ferma ancora sulla soglia della bottega, col sottofondo del mazzuolo che continuava a picchiare, il raschio del badile che raccoglieva detriti, il vento alle spalle che sembrava volerla spingere via, s'era ripetuta per un po' quella parola.

La padrona.

Ma quale padrona!

Quei locali non avevano alcuna padrona.

Sentì puzza piuttosto. Non più l'odore nauseabondo che aveva sopportato finché il Carretta era stato in vita.

Puzza d'imbroglio piuttosto.

Anzi, come le piacque da subito, di un ignobile imbroglio.

E la prima cosa che le venne in mente di fare fu correre da Pericleta Beregini per chiederne conto.

La Beregini trascorreva le mattine perlopiù in casa. Faceva pulizie, spesso pulendo anche dove non ce n'era necessità. Pareva che la polvere evitasse con cura i suoi mobili, una specie di dispetto che ad altre casalinghe sarebbe invece parso una grazia inviata dal cielo. Tuttavia per lei, polvere o no, faceva lo stesso.

Un locale alla volta, una mattina dopo l'altra, li ripassava tutti e in ognuno di essi ritrovava il vivace passato che li aveva animati. Non le metteva malinconia quell'andare da una stanza all'altra soffermandosi a guardare nel vuoto quando un ricordo particolarmente vivace le ritornava alla memoria. Non si chiedeva cosa avrebbe pensato di lei un improbabile ospite che l'avesse colta in quella posa statuaria e con l'aria svanita quando si fermava davanti alla poltrona sfondata sulla quale suo padre sedeva leggendo e rileggendo *I promessi sposi* oppure all'angolo di cucina, il più luminoso così che poteva evitare di accendere la luce, dove sua madre cuciva.

Anche se invisibili, madre, padre e tutti coloro, parenti o amici, che avevano frequentato quella casa per lei erano solo momentaneamente assenti, trasferiti in altro luogo, dove anche lei era attesa. E poiché era convinta che la vedessero teneva a dimostrare quanta cura avesse della casa che le avevano lasciato.

La scampanellata della Luisago la trasse da quei soliti, aerei pensieri, solleticandone appena la curiosità di vedere chi avesse suonato alla sua porta.

Era ben raro che qualcuno andasse da lei tanto che il campanello, a causa del disuso, aveva sviluppato un suono roco.

Una volta aperta la porta, il naso rosso della visitatrice e i suoi occhi di furia la spinsero a chiedere cosa fosse successo prima ancora di salutare.

«È successo che stanno lavorando nei locali del Carretta», rispose la Luisago convinta di aver acceso la miccia di una bomba.

E, le braccia conserte, si preparò ad attenderne lo scoppio.

Le polveri dovevano essere bagnate però.

Perché la Beregini non fece una piega. Contrasse le labbra anzi, dilatando gli occhi. Un linguaggio di gesti che anche un bambino avrebbe compreso.

Voleva dire che lo sapeva?

«Lei lo sapeva?» chiese la Luisago.

«Sì», ammise la Beregini.

Quale membro di giunta sotto i cui occhi passava di

tutto, comprese le licenze delle concessioni edilizie, ne aveva sentito parlare...

«E non mi ha detto niente?» sbottò la Luisago interrompendola.

In quell'istante la Beregini ritrovò la compostezza di quand'era stata maestra e le era toccato mettere a posto qualche genitore troppo arrogante. Non erano stati molti, ma quei pochi non s'erano più permessi di usare certi toni con lei.

«Avrei dovuto forse?» chiese pianamente.

Aveva degli obblighi verso di lei dei quali magari s'era dimenticata? Oppure era lei, Luisago Ornella, a essersi dimenticata di ciò che le aveva detto tempo addietro, cioè che quale persona super partes...

«Imparziale insomma.»

...non voleva sapere niente dei suoi maneggi per impadronirsi di quei locali?

La Luisago incassò la testa ma non abbassò la cresta. Una presidentessa, quale che fosse l'associazione che dirigeva, non scappava in ritirata così in fretta.

«Ma tutto ciò è ignobile!» disse.

Poi, visto che le era suonato tanto bene poco prima, rimarcò la frase.

«È un ignobile imbroglio anzi.»

La Beregini allargò le braccia.

«Questione di punti di vista», rispose.

Rita Cereda era nel suo pieno diritto.

«Ma non finisce qui», minacciò la Luisago.

La Beregini non ribatté, le lasciò il gusto di un'effimera vittoria, quella di aver ottenuto l'ultima parola.

Tanto sapeva che invece era già finita.

Perché ormai quei locali avevano un'altra padrona che si chiamava Elena Fulgenzi, vedova Cereda.

L'aveva appurato con i suoi occhi chiedendo in giunta di poter vedere la delibera di concessione della licenza edilizia.

La prima volta in vita che chiedeva una cosa siffatta.

Tant'è che il Boni Celletti, ridendo, le aveva chiesto se per caso volesse dare un'occhiata anche al piano regolatore.

22.

Dodici giorni anziché i dieci pattuiti, e l'antro del Carretta era diventato irriconoscibile.

Vuoto delle cianfrusaglie che l'avevano ingombrato, pavimento rifatto, ben due finestre che si aprivano su via Porta. L'ingresso era stato mantenuto su via Manzoni, ma ingentilito con una semplice scritta: «Sartoria».

Quando, a segno che i lavori erano ormai giunti al termine, il pulito odore della biacca invase la contrada, Luisago Ornella decise, anzi giurò, che per raggiungere il suo negozio di stoffe all'altro capo della via non sarebbe mai più passata da lì.

Giro largo, e via!

Ecco il bel risultato di aiutare i morti di fame, fidarsi di loro!

Ma non si sarebbe più fatta fregare dal buon cuore, mai più!

Aveva imparato la lezione.

Più di una.

La sera stessa del giorno in cui aveva scoperto l'avvio dei lavori nei locali del Carretta aveva diramato un urgente ordine di convocazione su moduli tirati a ciclostile che servivano proprio per le occasioni eccezionali. Ne aveva affidata la consegna a certa Ovarola, controparte femminile del tuttofare maschile, Genepì. Uno degli inviti, quello che all'Ovarola aveva raccomandato di consegnare prima degli altri, era per Rita Cereda. Dopo il colloquio con la Beregini, se avesse seguito l'istinto sarebbe volata a casa Cereda per far fuori la questione alla sua maniera.

Ma, il ruolo!

Una presidentessa quale lei era non poteva abbassarsi a inscenare gazzarre, certi modi andavano bene per gente come la prima figlia della vedova Cereda, quella del muratorucolo.

Meglio, più elegante e severo, una sorta di processo per la Scionca, e davanti a tutto il consesso riunito.

Be', non era andata proprio così.

Innanzitutto alla convocazione aveva risposto sì e no la metà delle associate. Ma soprattutto l'Ovarola, terminate le consegne, le aveva riferito che, a quanto la vedova Cereda le aveva comunicato, Rita non poteva intervenire trovandosi malata.

L'istinto le aveva di nuovo consigliato di andare a casa di quella e prenderla per il collo, ma la dignità del ruolo l'aveva di nuovo frenata.

Tuttavia, aveva detto alla rinsecchita assemblea, qualcosa bisognava pur fare. La Cereda le aveva prese per il naso, tradito la loro fiducia.

Come reagire?

«In nessun modo», s'era levata una voce.

Era stata quella di Crisante Codicetti, settantaduenne, vedova dell'avvocato Albino Insanabile, civilista.

«Come, nessuno?» era sbottata Luisago Ornella.

In nessuno, aveva ribadito la Crisante. Ormai quello che era fatto era fatto. Bisognava pensarci prima, cautelarsi, essere lungimiranti. Insomma, pretendere uno scritto.

Verba volant!

«In poche parole, essere più furbi», aveva concluso la Crisante.

«Vorrebbe dire che sono stata sciocca?» aveva insinuato Luisago Ornella.

«Io non l'ho detto», aveva replicato l'avvocata per delega.

Ma un mormorio seguito all'uscita della Crisante aveva fatto intuire alla Luisago che, sì, quello era il pensiero comune.

Era sembrato che tutto fosse finito lì.

Non per la presidentessa.

Due giorni e due notti.

Quarantott'ore passate a macerarsi in quel dubbio.

Poi Luisago Ornella aveva preso una decisione eroica, altra convocazione urgente.

L'Ovarola s'era incuriosita.

«Cosa c'è?»

«Affari nostri», aveva risposto la Luisago.

Interni.

Scritta a mano, in calce al solito modulo ciclostilato, la raccomandazione di non mancare vista l'estrema importanza della riunione e della decisione che da quella sarebbe sortita.

Una questione di fiducia, quella che le affiliate della San Vincenzo avrebbero dovuto confermarle come loro presidentessa. Era stato un momento singolare nella storia dell'associazione poiché sino ad allora la presidentessa veniva scelta solo alla morte di quella in carica. Tuttavia la novità non aveva provocato discussioni, il metodo ben accolto (alzata di mano per il sì e per il no), il risultato netto: su diciotto votanti dodici avevano risposto no, non avevano più fiducia in lei, due gliel'avevano confermata. Quattro, volendosi astenere, erano rimaste a braccia conserte.

Era stata una botta che l'aveva lasciata incapace di dire alcunché. Aveva abbandonato la sala parrocchiale in silenzio, ma sulla soglia s'era fermata e girata. Ancora incapace di dire qualcosa s'era però aspettata che almeno Grassi Testarea e Filipetto Fiorella, le due testimoni che avevano assistito all'atto di donazione e s'erano fatte garanti con lei presso l'intera assemblea, la seguissero sul viale del tramonto.

Le due invece erano già immerse in chiacchiere con le altre, forse addirittura discutendo su chi tra loro avesse il tempo e la voglia di occupare la sede vacante.

Luisago Ornella aveva trascorso altri giorni in attesa che accadesse qualcosa. Che la raggiungessero voci di pentimento in relazione alla sconcertante votazione per esempio. O che la Beregini, visto che tutto era cominciato da lei, la visitasse, magari con un poco di cenere in capo, affinché mediasse per conto delle affiliate un suo ritorno in seno alla San Vincenzo.

Niente da fare.

I giorni erano passati come parole inutili.

E il bel risultato che secondo lei si otteneva nell'aiutare i morti di fame le si era palesato all'olfatto prima che alla vista quando, non resistendo alla curiosità e derogando alla regola che s'era data, il primo giorno di marzo passò davanti ai due locali del Carretta ormai pronti per una nuova vita.

La nuova vita della famiglia Cereda.

23.

L'azzurro del cielo sgombrato dal vento sembrò voler benedire quell'inizio.

La vedova Cereda gli diede una lunga occhiata quando uscì da casa verso metà mattina. Fu lì per sorridere ma non riuscì poiché le vennero in mente gli occhi di quello stesso azzurro del disgraziato che aveva sposato.

Entrò nel locale in silenzio, ascoltando l'eco dei suoi passi. Giunta al centro fece un paio di giravolte su sé stessa. Vuoto e luminoso com'era grazie alle due finestre, le sembrò più grande di quanto in realtà fosse. Sufficiente comunque per essere diviso in due parti che nella sua mente si composero all'istante: un primo spazio, cui dava accesso la porta su via Manzoni, avrebbe ospitato il laboratorio vero e proprio con tutto ciò che le serviva per lavorare e una piccola esposizione dei capi già pronti. Come fossero lì in carne e ossa vedeva le sue clienti entrare anche solo per fare quattro chiacchiere, libere dagli impicci della vecchia casa, compreso l'odore di minestra che spesso gravava per giorni nella cucina. Nel secondo locale, che avrebbe separato dal primo con un grazioso tendaggio, avrebbe sistemato la sala prove, comoda, riservata. E una bella scrivania, alla quale Vincenza avrebbe potuto sedere con tranquillità per studiare, libera infine dall'opprimente crepuscolo della camera che divideva con Rita.

Rita, appunto.

Nel sogno, già arredato, che l'aveva rapita, la vedova

Cereda s'era scordata della figlia che l'aveva accompagnata per prendere visione dei locali. Ritornata in sé, la cercò, vedendola in una posizione che le suggerì il destino che l'attendeva.

Quasi sapesse di stonare nella cornice di tanta freschezza e novità, Rita s'era fermata sulla soglia. In quella posizione, a causa della gamba offesa, pendeva tutta di lato, compresa la testa. Era, in quell'istante, l'immagine stessa della malagrazia, il memento di una vita sfortunata che stava finalmente per svoltare.

Sua madre la guardò, interrogandosi.

Ma conosceva già la risposta.

D'altra parte non si trattava che di una pratica questione di compiti, organizzazione pura e semplice.

Con lei a stare in sartoria (sartoria!, quando mai aveva potuto pronunciare quella parola!) e Vincenza divisa tra scuola e studio, qualcuno avrebbe dovuto badare alla casa, pulizie, pranzo, cena...

Stando così le cose, la scelta era obbligata, Rita una benedizione, e la sua malagrazia passava in secondo piano.

Perfetto, no?

SECONDA PARTE

1.

Il pizzicagnolo Benelli, grancassa del corpo musicale, stava sulla soglia del suo negozio, canticchiando un motivetto a caspita, «Aprile apriletto, un dì freddo un dì caldetto», proverbio che il calendario proponeva per quel giorno, giovedì 8 aprile.

Erano le dieci circa del mattino e nell'attesa della seconda ondata di clienti curava i gatti.

La prima era quella delle massaie, che dalle otto e per un paio d'ore uscivano a fare la spesa.

Poi c'era quella parentesi di un'oretta prima che iniziasse la seconda, a marca più che altro maschile, degli operai del cotonificio, quelli che entravano e quelli che uscivano e che passavano con un lunghino fresco di forno a farselo imbottire col gorgonzola o col taleggio.

In quell'ora morta il Benelli curava i gatti che si avvicinavano al suo negozio in cerca di qualche crosta o anche solo attirati dall'odore. Trovassero o meno qualcosa da mangiare, non mancavano mai di pisciare sul muro di lato all'ingresso. E quando il Benelli riusciva a sorprenderli misurava loro certi calci in culo che li facevano volare fin quasi davanti all'alimentari Sansottini. Occhio e croce dieci metri.

Fu così che la vide arrivare.

Se l'aspettava d'altronde, quasi come i gatti.

Proprio come i gatti la donna che stava arrivando approfittava dell'ora morta. Emerse da sotto l'arco di via Manzoni col solito passettino dondolante, come se avesse un pendolo al posto della schiena.

Culo basso, borsetta appesa al braccio, braccio attaccato all'addome: un botoletto volendo riassumerla in una parola.

Il Benelli si riscosse, doveva avvisare la moglie. Cosa che fece senza muoversi dalla soglia, girando appena la testa.

«L'è scià!» disse.

La moglie Velia comprese, ma chiese comunque una conferma, un riflesso dettato da consuetudine.

«Quella del quando si laurea?»

«See», fece lui senza perdere d'occhio il botoletto.

Se la immaginò con un guinzaglio al collo. Anche, con un ghignetto, fermarsi a pisciare contro il muro, alzando la gamba alla maniera dei cani. E lui che, pam!, le mollava uno dei suoi calci in culo.

«Allora vado di là», comunicò la moglie, togliendolo alla fantasia.

Di là, dietro, nel retrobottega, così da evitarla.

«E se ti chiede di me», aggiunse, «dille che non ci sono.»

Il Benelli scrollò le spalle, un movimento che si trasmise al molle pancione, e solo quando sentì chiudersi la porta del retrobottega si mosse per tornare al banco.

Il botoletto ormai era giunto alla meta.

Il suo passettino, tic tac, si spense sulla soglia del negozio.

C'era nessuno, entrò.

Il Benelli pronunciò un saluto che sembrava catarro.

2.

Si chiamava Assunta Sciacca, siciliana di Aci Catena, figlia di Calogero Sciacca, allevatore e produttore del pregiato limone verdello.

Sposata.

Il marito era Rosvaldo Camminatore, catenota pure lui, approdato a Bellano subito dopo la guerra come manovale delle ferrovie.

Avevano un figlio, Niccolò, nato esattamente nove mesi dopo le nozze. Ma solo quando il Camminatore era riuscito a entrare quale operaio nella società elettrica Orobica e ad affittare un appartamentino presso il complesso Case Rosa di piazza Verdi la famiglia aveva potuto riunirsi.

Tutto ciò era accaduto verso la fine del 1946, quando il piccolo Niccolò andava verso i sei anni, cosa che gli aveva consentito di avviare il percorso scolastico presso l'istituto bellanese intitolato a monsignor Luigi Vitali.

Era stata una carriera sorprendente.

Merito, diceva Assunta Sciacca, del sole di Sicilia preso in tenera età, che gli aveva fatto maturare i sentimenti.

Fosse stato il sole o il succo del limone verdello, sta di fatto che il giovane Camminatore lungo le elementari e le medie aveva dimostrato un'immediata facoltà di apprendere e un'altrettanto sorprendente curiosità di conoscere.

Tant'è che quando, raggiunta la licenza media, s'era posto il problema di cosa fare del ragazzo, il preside dell'istituto professor Cadregari aveva voluto parlare con i genitori e consigliato caldamente di fargli proseguire gli studi.

«Vostro figlio può arrivare dritto dritto a una laurea», aveva detto.

L'Assunta s'era sentita gelare per l'emozione. Il Rosvaldo aveva cercato di smorzare gli entusiasmi. La laurea era cosa da ricchi e: «Studiare costa», aveva sentenziato.

«Ci sono le borse di studio», aveva suggerito il preside.

«Risparmieremo», aveva aggiunto la Sciacca.

«Bisogna pensarci bene», aveva ribattuto il marito.

«Ne vale la pena», aveva insistito il preside.

Il Rosvaldo, ormai senza parole, l'aveva guardato.

Perché non si faceva i cazzi suoi?

Ci aveva pensato l'Assunta a chiudere la questione.

Nel duello di sguardi tra marito e preside s'era inserita sancendone la fine.

«Non dubiti signor preside, seguiremo il suo consiglio.»

E così era stato.

Liceo, classico, il Manzoni di Lecco.

Mai rimandato, media dell'otto, maturità brillante, la lode sfiorata per un pelo.

Dopodiché s'era posto il dilemma della facoltà.

Niente lettere, filosofia o quelle robe lì che servivano a niente o poco meno.

Architettura era cosa per signorine di buona famiglia o giovanotti senza midollo.

Ingegneria?

Era stato Niccolò a scartarla senza remore.

«Noiosa!»

Via tutte una dopo l'altra, ne erano rimaste due, le eccellenze: medicina o giurisprudenza.

Aveva vinto quest'ultima, marito e moglie s'erano trovati pienamente d'accordo con la scelta del figlio.

L'Assunta perché, pensando ai soldi che aveva visto spendere in famiglia e tra i parenti per risolvere beghe di proprietà, confini ed eredità, era convinta che un avvocato glielo avrebbero invidiato tutti. Il Rosvaldo, pragmatico, perché invece erano quattro anni di corso contro sei. E studiare, come aveva detto anni prima e continuava a pensare, costava.

Erano stati quattro anni di cinghia pura e dura.

Su tutto.

Luce, telefono (dal posto pubblico), gas, giornali, scarpe, sapone, fiammiferi.

Acqua, anche.

I vicini di casa mormoravano che il sabato consacrato al bagno nella vasca passassero tutti e tre senza rinnovare l'acqua e che poi l'Assunta ci lavasse anche i panni. Dicerie, maldicenze, pettegolezzi che a volte l'aria veicolava nelle orecchie dell'Assunta. Al marito non aveva mai riferito niente, a sé aveva sempre detto futtitìnne!

Per parte sua Rosvaldo Camminatore più di una volta aveva rimpianto i tempi in cui era ancora manovale delle ferrovie. Come adesso mai una lira in tasca visto che mandava quasi tutto a casa e il resto lo metteva da parte per affittare l'appartamento. Dormiva nel magazzino delle merci, mangiava spesso una sola volta al giorno, fumava cicche raccolte, ma almeno aveva la testa libera da preoccupazioni.

Pure l'Assunta aveva fatto salti mortali per far quadrare il bilancio. Finiti i soldi che il marito le passava non ce n'erano altri.

Salti mortali in casa quindi, e fuori, nei negozi cioè.

Spaccava il capello in quattro, controllava il mezz'etto, discuteva il peso della carta.

Per agire con comodo aveva messo a punto una sorta di mappa delle ore in cui, dal macellaio, dal pizzicagnolo o in panetteria, si sarebbe trovata sola o quasi a combattere la sua quotidiana battaglia contro la presunta furbizia dei commercianti. La maggior parte dei quali la vedeva come il fumo negli occhi.

La moglie del Benelli su ogni altro: aveva sempre concesso quell'ora morta al marito, così che potesse andare al bar a bersi un bianco e cacciare quattro balle, ma a un certo punto non gliene aveva più firmata la licenza, onde evitare il rischio di commettere uno sproposito. Non solo per l'irritazione che l'assaliva a causa del controllo che la Sciacca assumeva sui suoi gesti quando tagliava e pesava. Ma avendo avuto un figlio zuccone che non appena raggiunta la licenza media aveva buttato i libri nella spazzatura, mal sopportava gli aggiornamenti che la siciliana, non resistendo, le raccontava circa i successi universitari del Niccolò.

Era stata lei a soprannominarla «quando si laurea» e pure il Benelli, che aveva sostenuto la scelta del giovanotto di infilarsi al cotonificio («Un bel posto fisso, e via! Poi quando molliamo noi ti pigli tu il negozio»), aveva preso a chiamarla così.

«Quando si laurea nostro figlio», diceva spesso la Sciacca anche al marito, incurante dei verbi.

Quando si fosse laureato le cose sarebbero cambiate, voleva fargli intendere.

«E vedrai», continuava, «che le prime a cambiare saranno certe facce di merda.»

Finché il momento era arrivato.

3.

Il tempo della cinghia stava per finire.

La mattina di domenica 25 aprile 1965 Assunta Sciacca se la prese comoda e telefonò in Sicilia. Per prima cosa fece gli auguri al genitore ottantenne poi, contrariamente alle abitudini sparagnine, si fece passare la madre Rosaria, sua sorella Animina e pure un'amica d'infanzia, Cetta, che era lì per gli auguri al vecchio e di cui colse la voce lagnosa, passando con lei una bella manciata di minuti ricordando i tempi in cui assieme raccoglievano limoni, spesso mangiandoli per calmare la fame col risultato di guadagnare una stitichezza tetragona a ogni rimedio.

Totale, una telefonata di poco più di un quarto d'ora, vero record, cosa che sino a un anno prima sarebbe stata impensabile anche perché da soli otto mesi disponeva di apparecchio telefonico mentre prima avevano sempre, e con parsimonia, approfittato del posto di telefono pubblico.

Quando depose la cornetta mancavano pochi minuti alle dieci. Accese la radio smanopolando qua e là alla ricerca di un programma che trasmettesse musica per rendere ancora più lieve la mattina, arricchirla di particolari che nel ricordo l'avrebbero resa indelebile.

Le parole, quelle dei dibattiti e dei radiogiornali, la scassavano. Erano cose di un mondo che l'aveva sempre guardata dall'alto in basso, e non solo per via della sua statura, voci che se mai le avevano tenuto compagnia quando era in casa da sola, rumori più che altro. Ma quella domenica ci voleva musica perché da quel giorno in avanti lei e il mondo stavano pari.

La trovò, su una stazione che grattava un po'. Una mezza lagna tutto sommato, un fri fri di violini, se poi erano violini, come se fosse morto qualcuno, ma piuttosto che niente si fermò lì.

Anche perché l'altra musica, quella per le sue orecchie, quella dei rumori che giunsero dalla camera di Niccolò a segno che il figlio si stava alzando, iniziò di lì a poco.

Due colpi di tosse e qualche rumore di corpo, tutta salute.

Assunta preparò la caffettiera, la mise sul fornello ma non accese il gas.

Poi si trovò indecisa sul da fare.

Attendere il figlio così, per vederselo comparire di botto e ammirarlo in un colpo solo oppure rimandare ancora di un poco, fingere di non essere così emozionata?

Meglio la seconda opzione, ragionò. Anche Niccolò avrebbe apprezzato, non amava le sceneggiate.

Spalancò la finestra della cucina e si appoggiò al davanzale in attesa dello scricchiolio della porta della camera che si apriva.

Aveva sotto gli occhi un ampio scorcio di lago, qualche barca a vela in attesa di un poco di aria. Il vento anomalo dei giorni precedenti si era abbassato quasi di colpo. Con quel quadretto sotto gli occhi anche il fri fri di violini non era poi così male. Forse, pensò la Sciacca, il mondo s'era accorto che finalmente stavano pari.

Quando udì la porta aprirsi attese un ultimo istante prima di girarsi, ben sapendo che da quel momento in avanti la vita sua, di suo marito, del figlio, della casa tutta sarebbe stata un'altra cosa.

Niccolò era fermo sulla soglia della cucina.

Il fri fri dei violini s'era intensificato come se stessero mettendo sotto terra quello che era morto.

Assunta si girò e per la frazione di un istante non ebbe parole.

Poi sbottò.

Beata, anzi, santa Rosalia!

Troppa roba in un colpo solo.

4.

Niccolò era in canottiera e mutande.

Sua madre aveva insistito perché provasse il vestito, e adesso era lì, con i pantaloni che gli pendevano dal braccio destro come la pelle di un serpente.

Troppa roba in un colpo solo per Assunta Sciacca che non poté fare a meno di notare dapprima il cavallo, si chiamava così, no?, del giovanotto.

Che, beata Rosalia... quant'era pieno! Da quelle parti aveva preso da suo padre.

«Che c'è, ma'?» fece Niccolò.

I violini avevano finito, il morto abbandonato a sé stesso, dalla radio usciva una voce, parole con poche vocali.

La Sciacca spostò gli occhi dal cavallo del figlio, e li fissò sui pantaloni.

«Che c'è piccirì?» fece a sua volta.

«Sì, piccirì...» soffiò Niccolò. Ma tanto era inutile chiederle per l'ennesima volta di smetterla con quei diminutivi.

«C'è che sono un po' corti», disse poi agitando il braccio che reggeva le braghe.

«Corti?» ripeté Assunta ancora un po' disorientata.

«I pantaloni», spiegò, didattico, il figlio.

«I pantaloni?» ancora l'Assunta.

Ma s'era forse svegliata da poco, era ancora imbambolata di sonno?

Forse era meglio spegnere la radio, eliminare l'invasore dalla quiete domestica. Così Niccolò fu in grado di spiegare per bene: i pantaloni erano troppo corti, una spanna occhio e croce.

Allora Assunta Sciacca comprese.

E fu tragedia.

Fiorì sul viso della donna in forma di bocca senza voce, mani tra i capelli. Pure gli occhi, stralunati. Una prefica che al giovanotto strappò un mezzo sorriso subito rientrato.

Com'era possibile?, pensò la Sciacca.

«Erano perfetti», riuscì infine a dire.

5.

Li aveva acquistati lei, di persona.

Non solo i pantaloni, anche la giacca, l'intero vestito.

Quello per il figlio.

«Per quando si laurea avvocato.»

Cioè giovedì 29, Santa Caterina da Siena.

Era andata a Lecco tre volte.

«Scendo a Lecco.»

La prima era stata una semplice ricognizione, un paio di mesi prima. Doveva vedere con i suoi occhi, annusare, toccare. Dei consigli non si fidava, conosceva bene i commercianti.

«Serve qualcosa?»

Più di una commessa le aveva rivolto quella domanda.

«No», aveva risposto lei.

Guardava per intanto.

Era forse proibito?

Una le aveva detto che il vestito che stava guardando da un po' costava parecchio.

«Le ho forse chiesto il prezzo?»

I piccioli li aveva. Avevano l'odore di oculati mezz'etti di prosciutto e formaggi, di polpette fatte con gli avanzi.

Dopo quella prima missione aveva guardato il figlio con altri occhi, vestendolo con alcuni degli abiti che stavano ancora appesi alle grucce dei vari negozi che aveva girato.

«Che c'è?» aveva chiesto lui un paio di volte.

«Tieni un po' di occhiaie, studi troppo», aveva deviato lei.

Poi una sera, tre settimane prima, l'aveva detto al marito.

Sottovoce.

«Domani riscendo a Lecco.»

«L'hai trovato?» aveva chiesto lui.

«Sì.»

Da Perfect Man.

Un grisaglia grigio fumo di Londra.

Un prezzo che valeva qualche mese di affitto, chili di prosciutto.

La commessa che l'aveva servita aveva pensato che la Sciacca fosse la donna di servizio di qualche famiglia altolocata. E l'aveva avvisata che, se ci fosse stata da fare qualche modifica, il negozio causa ristrutturazione avrebbe riaperto dopo il primo di maggio.

La stessa sera Niccolò aveva dovuto provarlo sotto i suoi occhi.

«Mamma...» aveva detto lui.

Uh, quante scene!, non l'aveva forse partorito, visto nudo un sacco di volte?

Niccolò aveva sorriso.

«Mamma...» di nuovo.

Assunta s'era allontanata dalla camera del figlio.

Sì, forse era ora, doveva smettere di trattarlo come se fosse stato ancora un bambino. Ormai era l'avvocato Camminatore. Non le entrava in testa che sarebbe stato dottore in giurisprudenza, per declinarsi avvocato ci voleva ancora un po'.

Uh, quante fisime!

Quando Niccolò era rientrato in cucina...

«Bello, proprio bello, non dovevate», aveva detto al plurale anche se suo padre era già uscito per andare a farsi un giro di carte con gli amici al bar Roma.

Ma i pantaloni erano un po' lunghi.

Una mezza spanna.

La giacca no, cadeva perfetta, una chiccheria.

Niente di male, c'era tempo.
«Domani me ne torno a Lecco», aveva detto Assunta Sciacca.
E tre.

6.

Scambiati con un altro paio?

Oppure fraintese le indicazioni?

Quell'oca della commessa tutta pittata...

Quali altre ipotesi, spiegazioni restavano?

E, anche nel caso, cosa se ne faceva?

«Con il negozio chiuso fino a maggio!» esclamò Assunta rivolta al figlio che aveva cercato di calmarla dopo averle visto il viso passare dal bianco dello sconcerto al rosso della furia.

Ma non poteva sistemarli lei?, buttò lì Niccolò.

Assunta lo guardò e lo pensò come quando se lo allattava.

Anima candida, che ne sapeva lui di vestiti e rammendi?

«Per rovinarlo, un vestito così bello?» rimandò in tono dolce.

Fosse stato un vestito di corsa magari ci avrebbe provato.

Ma con un capo del genere non era il caso di fare esperimenti.

«Non ci penso nemmeno», disse Assunta.

Ci voleva una sarta di mestiere, una che sapesse quello che faceva.

E c'era.

Il laboratorio di sartoria della vedova Cereda. L'aveva visto più di una volta, ci era passata davanti andando per negozi.

Non ci aveva mai avuto niente a che fare.

Ma c'era sempre una prima volta, no?

Era domenica?

E va be', si trattava di una questione di urgenza.

«Da' qua», disse Assunta al figlio.

Ma anziché aspettare si mosse lei per prendere i pantaloni, ormai era sul piede di guerra.

«Non capisco tutta questa fretta», disse Niccolò.

Assunta fu lì per rispondere.

Tacque invece.

Cosa poteva saperne un avvocato del tempo che ci voleva per rimettere in sesto un paio di pantaloni!

Avvocato, ripeté Assunta tra i denti.

Ecco, se la vedova Cereda avesse fatto la difficile, avrebbe potuto giocare quella carta.

«I pantaloni per mio figlio che giovedì si laurea avvocato.»

Suonava bene, anche se non era proprio corretto.

7.

Rosvaldo Camminatore uscì dalla camera da letto non appena la moglie partì in missione. Aveva sentito che tra i due era in atto una mezza discussione e non aveva fatto una piega. Aveva atteso che finissero e soprattutto che la moglie se ne andasse per non essere tirato in mezzo. Quando l'Assunta si impuntava su una cosa, meglio lasciarla fare, tempo perso discutere.

Niccolò era ancora in mutande, stava alla finestra, guardava lo stesso panorama che sino a poco prima era stato sotto gli occhi di sua madre. La barca a vela aspettava ancora un filo di aria.

«Caffè ce n'è ancora», disse senza voltarsi.

Il genitore comprese al volo atteggiamento e tono del figlio. Quella benedetta donna di sua moglie non riusciva a mettersi in testa che Niccolò ormai era un adulto. Quando scendeva in campo non c'era mezzo di fermarla. Agiva in segreto e poi ti presentava il fatto compiuto. Sulla faccenda dei pantaloni però non le si potevano dare tutti i torti. Niente a che vedere rispetto a quello che era riuscita a fare l'anno prima, quando Niccolò aveva affrontato l'ultimo anno di università. Zitta zitta aveva preso di mira una certa Marinera, la serva di casa dell'avvocato Spendace, l'unico che aveva studio in paese, vedovo, sessantacinquenne e sul quale correvano voci di malattia ma anche altre su come aveva istruito la sua clientela. Gratis, era il suo motto, mi posso appena trombare tua sorella! Grazie alla serva aveva fatto chiedere allo Spendace se, una volta finita l'università, si poteva prendere in studio il figlio così che cominciasse a impratichirsi. Al figlio, quando quello aveva risposto di mandarlo, aveva però ribaltato la frittata, facendogli credere che l'avvocato in persona voleva conoscerlo come se volesse farne il delfino, immagine che l'Assunta coccolava, il premio finale per tutti i sacrifici fatti. Poteva dire no il giovanotto di fronte alla prospettiva di ereditare tutta la clientela di quello?

«Porta pazienza», disse il genitore. «Io me ne vado a fare due passi. Se vuoi venire anche tu...»

«Sì, così», sorrise Niccolò. Era ancora in mutande.

E poi non aveva voglia di incontrare gli amici di suo padre, Vincenzo La Fiorita, siciliano, pure lui ex ferroviere e ora collega del genitore, e Gaetano Santomare, casellante, salernitano. Brave persone, di oneste mire. Ma non facevano altro che parlare di calcio e del bel tempo che faceva giù, in Meridione.

«A dopo», disse Niccolò apprezzando l'idea di restare per un po' solo a guardare dalla finestra pensando al futuro con sotto gli occhi la barca a vela che ancora aspettava un poco di aria per muoversi. Proprio come lui che non vedeva l'ora di navigare per conto proprio.

8.

«Sofia, cambia disco!»

Sofia, al secolo Marinati Gioele. Quarant'anni, operaio presso il vellutificio Sempione di Mandello del Lario, pelle e ossa, magro che doveva mettersi dei sassi in tasca per non farsi portare via quando tirava vento.

Il soprannome se l'era guadagnato in giovane età, quando aveva palesato certe sue preferenze, «Quelle dell'altra sponda» chiariva con un sorrisetto, che andava a sfogare dove gli pareva. Dove? Fatti suoi, rispondeva. In ogni caso in paese nessuno poteva affermare di essere stato in qualche modo corteggiato o infastidito dal Sofia, che anzi era molto apprezzato nelle occasioni in cui amava esibirsi in pubblico.

Capitava a Carnevale, all'ultimo dell'anno, il 1° maggio, o in altre occasioni di festa quando presso il Circolo dei lavoratori venivano organizzate serate danzanti. Raramente il Sofia mancava, presentandosi talvolta in abiti femminili, anche truccato e con una vaporosa parrucca. Ballava con donne e uomini senza distinzioni, ma soprattutto cantava poiché aveva una bella voce che gli piaceva far risuonare in pubblico. Di musica moderna, canzonette, era un vero appassionato, spendeva parte dello stipendio acquistando i dischi delle uscite più recenti, le imparava a memoria e quando aveva di fronte un pubblico non esitava a sfoggiare il suo talento canoro.

Correva voce che cantasse anche sul lavoro, ma solo a pagamento: cento lire, una canzone. In paese lo si vedeva poco, usciva presto la mattina per recarsi in treno a Mandello e ritornava a sera, talvolta a notte fonda, quando rimediava qualche appuntamento. La domenica se ne stava tappato in casa ed essendo solo la passava in compagnia delle sue canzonette, riascoltando senza requie le sue preferite. Come quella.

Grazie, prego, scusi, tornerò.

Era la terza volta che la canzone di Adriano Celentano ricominciava da capo invadendo la contrada. Il volume era tale che la voce del Molleggiato giungeva con chiarezza a decine di metri, forse anche oltre, dalla finestra da cui usciva. Più o meno, per essere più precisi, fino all'altezza del negozio del pizzicagnolo Benelli e anche più in là.

A gridargli di cambiare disco era stato un dirimpettaio, noto come Fisima, ventenne, senza stabile occupazione, padre, detto Cabrio, da due mesi in galera per emissione di assegni a vuoto, madre che manteneva tutti girando per case e paesi finitimi vendendo calze, mutande e fazzoletti. Cento chili di peso ormai la donna, un soprannome magro, Cuchina, guadagnato quand'era esile e bambina e mai più abbandonato. Pure lei cantava che era una bellezza e spesso si era esibita in coppia col Sofia, «Il duo Stanlio e Ollio», alle feste del Circolo dei lavoratori. Una volta il prevosto, incrociandola, le aveva detto che gli sarebbe piaciuto sentire anche in chiesa quella voce. Lei aveva risposto di essere allergica.

Allergica?

Sì, al fumo delle candele.

Aveva detto lei al figlio di gridare a «quel fru fru del Sofia» di cambiare disco. Sapeva com'era fatto, un po' permaloso, per il gusto di fare un dispetto, l'avrebbe rimesso almeno altre tre volte, così lei avrebbe imparato a memoria tutta la canzone.

Uè, cosa ci poteva fare se anche a lei piacevano i ritmi moderni e non aveva la radio e men che meno il giradischi come invece il Sofia che, beato lui!, doveva pensare solo a sé stesso?

Grazie, prego, scusi, tornerò.

Quattro parole secche che rimbalzavano da un muro all'altro della contrada infilandosi nelle finestre, nelle orecchie.

Anche in quelle della vedova Cereda, che era ancora a letto, sveglia, lo sguardo perso e pensava al destino, al suo, ridicolo al punto da poter essere riassunto nelle quattro parole di una canzonetta.

Grazie, prego, scusi, tornerò.

Celentano quella canzone l'aveva scritta, la cantava per lei.

9.

Il laboratorio di sartoria era aperto da qualche mese ormai, i risultati erano lì da vedere.

«Si può entrare?»

«Certo.»

«Grazie.»

«Prego.»

Eccola la cliente tipo.

Poi dopo aver dato un'occhiata in giro, qualche parola di commento e due chiacchiere su cosa fosse in grado di fare e cosa no: «Grazie e scusi il disturbo».

«Ma si figuri.»

Sarebbe mai tornata?

La novità della sartoria aveva stimolato la curiosità, ma ormai anche quella stava scemando. Il sogno di una partenza alla grande s'era sgonfiato.

Lavoretti, rappezzi, rammendi, le solite clienti che prima aveva ricevuto in casa insomma, il giro non si era allargato.

Voci, anche.

Che la Luisago Ornella sparlasse e dal pulpito del suo negozio di stoffe sconsigliasse di servirsi da lei.

O forse durava ancora la cattiva fama che impregnava le mura dell'ex calzoleria.

Vallo a sapere!

Il Sofia riattaccò per la quinta volta il disco, la Cuchina ormai l'aveva imparata, la cantò dall'inizio alla fine girando intorno al tavolo di cucina simulando le mosse del

tango. Il campanello di casa Cereda squillò, la vedova non fece una mossa, toccò a Rita andare a vedere.
«Grazie, prego, scusi, tornerò.»

10.

Prima di suonare al campanello di casa Cereda, Assunta Sciacca si era sbirciata nella vetrina della panetteria.

Tutto a posto?

Non fosse stata così piccola e tonda...

Va be', poteva farci niente!

Aveva indirizzato l'indice, subito ritirato. Aveva un po' di nero sotto l'unghia. Pulì e suonò.

Rita spuntò dalla finestra della cucina.

La Sciacca mica si aspettava di dover parlare, spiegare stando lì sotto, in contrada, coi curiosi che potevano sentire.

Bei modi di ricevere la gente.

Se quello era l'inizio...

Non fosse stato per i pantaloni di Niccolò avrebbe saputo cosa dire circa la buona creanza.

Subì.

Tra l'altro quella lì alla finestra non era villana. Anzi, sembrava spaventata. Smorta oltre al resto, e parlava con un cìcì che si faceva fatica a sentire.

L'Assunta invece, grazie alla forza dei pantaloni del figlio dentro la borsa con l'evidente scritta «Perfect Man-Lecco-Al servizio della vostra eleganza» non badò al tono della voce.

Sentisse chi voleva. Spiegò, calcando su figlio, laurea e avvocato.

«Riferisco», disse infine Rita.

Era stato un ordine della madre, tassativo.

Da quando era stata aperta la sartoria, chiunque avesse suonato alla porta di casa per un bisogno doveva essere pregato gentilmente di rivolgersi al laboratorio, due passi più in là. Perché le avevano riferito, aveva confidato la vedova, che la Brocchi, probabilmente avvisata da qualche ruffiana, era stata vista farsi un giro in contrada, chiedere e, una volta verificata la fondatezza della soffiata circa la sartoria, quasi perdere i suoi occhialoni per la stizza di essere stata messa nel sacco. In ogni caso, visto che ruffiane o ruffiani che fossero non dormivano mai, non si poteva, non si doveva sgarrare.

Chiaro?

«Chi è?» chiese la Cereda che aveva sentito il campanello, orecchiato le parole della figlia.

Rita aveva tentato di dirlo.

«C'è una...»

«Chi è?» l'aveva interrotta sua madre.

Chi era, da dove saltava fuori? Rita non la conosceva.

Era una che aveva un paio di pantaloni da far accorciare.

Alla domenica?

«Capito», sentenziò la Cereda.

Una morta di fame.

«Dille di andarsene. Che torni domani», ordinò.

Rita non si mosse.

Prese coraggio anche perché sua madre non la guardava.

«Sembrerebbe una cosa urgente», osò.

La Cereda strinse le labbra a culo di gallina.

«Ah sì?» fece, velenosa.

E cosa mai poteva capitare di così urgente a un paio di pantaloni?

Rita sorvolò, si addentrò nell'urgenza.

«Sono del figlio di questa donna che si deve laureare.»

Una ruga comparve sulla fronte della vedova Cereda. Gli occhi, solo quelli, girarono sulla figlia.

«Chi si laurea?» chiese.
Glielo aveva appena detto, pensò Rita.
«Il figlio di quella che ha suonato e che sta qui sotto», ripeté paziente.
«E come si chiama?»
«Camminatore.»
Un cognome ridicolo, pensò la vedova.
Dottor Camminatore però suonava meglio.
«Com'è?» chiese.
Rita sbigottì.
Che domanda era?
Come rispondere?
«Normale», disse.
La vedova Cereda ebbe un singulto.
No.
Normali erano le mamme di muratori, operai, apprendisti, imbianchini, fabbri, postini, falegnami, spazzini, le mamme dei morti di fame insomma.
La mamma di un laureato non poteva essere normale.
«Falla salire.»

11.

La Sciacca salì le scale di casa Cereda come temesse di scivolare.

Era una punta di sospetto a renderla cauta.

L'attesa in contrada, riferisco... un'anticamera che l'aveva predisposta a essere trattata ancora una volta con degnazione.

Be', c'era abituata.

Era pronta a ingoiare l'ennesimo rospo.

L'ultimo, però.

«Giuro», disse tra sé.

Poi chiese permesso.

La Cereda s'era giusto data un colpo di spazzola ai capelli. Per il resto, vestaglia e pantofole. Attese in camera che Rita la chiamasse.

«Tu resta qui», le disse poi.

Si presentò scusandosi per essere così in disordine...

«Ma, la domenica, sa com'è...»

La Sciacca s'era piantata giusto poco oltre l'ingresso. Cercava la smorta che l'aveva fatta salire.

La bellezza appena un po' appassita della Cereda la disorientò. Per un istante si sentì in difficoltà, ancora più piccola di quanto fosse, più rotondetta.

Pensò ai pantaloni, chiedendo loro aiuto.

Intanto la Cereda aveva fatto gli onori di casa.

«Prego, venga, si accomodi.»

In cucina.

«Allora, la ragazza mi diceva...»

Non disse mia figlia.

«Sì», interloquì la Sciacca.

Per la sesta volta le note di *Grazie, prego, scusi, tornerò* invasero la contrada.

Quasi un segnale per la Cereda, un avviso.

Quel botoletto che le stava davanti con una borsa sollevata all'altezza del petto, abbondante e cadente, e che stava parlando di pantaloni non la faceva ben sperare. Non le sembrava certo il viatico per agganciare la clientela che sognava.

Almeno avesse portato con sé il futuro avvocato.

Dov'era?, si chiese mentre ascoltava la richiesta della Sciacca.

«Senza avere l'indossatore è difficile fare un lavoro preciso», disse poi.

L'Assunta s'era rinfrancata e aveva contrattaccato.

D'accordo la bellezza della Cereda, l'aristocratico tono di voce. Ma nella cucina c'era odore di cinghia, lo conosceva bene.

«Ho preso io le misure», rispose.

La Cereda spostò appena il capo di lato.

A ciascuno il suo mestiere, voleva dire.

Tacque.

«Vediamo», disse invece sospirando.

La Sciacca le allungò la busta. Che prima di tutto vedesse da che razza di negozio venivano quei pantaloni. Ma la Cereda parve non badarci. Esaminò con cura i pantaloni, in ogni caso.

Ottima stoffa, taglio perfetto, chissà quant'erano costati.

«Sarebbe un peccato rovinarli con un lavoro mal fatto», disse infine.

Assunta Sciacca annusò odore di sovrapprezzo.

«Pagheremo quello che si deve», rispose l'Assunta.

La Cereda le rispose con un sorriso.

«I soldi non c'entrano.»

Intendeva dire che un paio di pantaloni indossati erano tutta un'altra cosa, i piccoli difetti venivano all'occhio solo così.

«Almeno una prova possiamo farla?» chiese.

Assunta Sciacca ci pensò.

Niccolò avrebbe accettato?

Boh.

Ci sarebbe stato da discutere.

E va be', avrebbe discusso.

«D'accordo», decise. «Quando si potrà?»

«Martedì, direi. Verso le sei va bene?»

Andava bene, pensò Assunta Sciacca.

Poi basta.

Da giovedì l'avvocato Niccolò Camminatore sarebbe stato servito in casa sua.

12.

Il Sofia andava a periodi, ogni tanto gli pigliava quello napoletano.

Alla Cuchina piaceva una canzone che raccontava di nu criaturo niro niro. Diceva che quella musica metteva voglia di ballare, cosa che avrebbe fatto se non fosse stata così grassa.

Il ballo della balena, rideva suo figlio, e il donnone faceva la mossa di rincorrerlo per prenderlo a sberle ma, ciao!, il fiato le veniva subito a mancare.

A metà pomeriggio di quella domenica il periodo napoletano ricalò sul Sofia. Cominciò a sparare canzoni con quel ritmo un po' africano, ritmo lumumba lo chiamava il Fisima, che gli piaceva perché faceva pensare all'estate, al caldo, ai bagni nel lago. Era un ritmo che gli faceva anche tirare il piffero e allora doveva andare a chiudersi nel cesso sul ballatoio per dargli dentro.

In casa Cereda vigeva una sorta di paralisi, dopo un pranzo frugale come se la domenica non esistesse, un quarto d'ora e via.

La vedova riposava nella sua camera. Rita leggeva china sul *Marcovaldo* di Italo Calvino. Vincenza guardava il rettangolo di lago che si vedeva dalla finestra della cucina, quasi un prolungamento colorato della contrada, silenziosa, pensava alle sue compagne di classe. A Selene soprattutto con la quale, senza che nessuno in casa lo sapesse, con la spesa di una piccola bugia passava i mercoledì pomeriggio a casa sua ascoltando dischi, fumando qualche sigaretta o anche andando in giro per la città, perdendosi nella fantasia che fossero due sorelle e quella la loro vita quotidiana. Parlavano di tutto con leggerezza, ridevano di niente. Sul treno locale che la riportava a casa, le fermate a ogni stazione marcavano poi come timbri la distanza tra la vita della sua amica e la propria. Più di una volta Selene le aveva detto che finita la scuola sarebbe andata a trovarla. Un'idea che spaventava Vincenza, anche se aveva risposto: che bello. Ecco, in quello stesso momento Selene se la stava sicuramente passando meglio di lei, magari al cinema o al bar con un ragazzo, o anche solo in giro. Di certo non stava odiando, come lei, quello che per la maggior parte della gente era il giorno migliore della settimana.

Il criaturo niro niro irruppe in quel momento nel silenzio della contrada. Il Sofia cominciò a ballare con le sole mutande addosso, la Cuchina canticchiò la canzone inventando le parole, il Fisima disse che gli scappava da pisciare.

La vedova Cereda si riscosse, era caduta in un mezzo sonno, e ritornò alla fantasia con la quale s'era coricata.

L'avvocato.

Aveva tentato di immaginare come fosse, partendo dall'aspetto della madre, se n'era fatta subito un'idea.

Un criaturo niro niro come quello del disco che il Sofia aveva messo una seconda volta. Una specie di compare Turiddu, come lei, che la Sicilia non l'aveva mai vista, si immaginava fossero tutti i siciliani.

Piccolo, niro niro e peloso.

Anzi, pelosissimo.

Solo verso sera, quando si decise a dare un'occhiata ai pantaloni, le venne più di un dubbio.

Se bisognava allungarli di una spanna voleva dire che il giovanotto non era poi così traccagnotto. Insomma, diventavano tali da rivestire un paio di gambe… come dire?

«Normali», mormorò la vedova Cereda.

13.

Che non fosse figlio suo?

O magari sì, ma in quel caso aveva preso tutto dal padre.

Alto, pallido, baffetti.

Eccolo lì il futuro avvocato.

Assunta Sciacca gli aveva fatto strada. Era entrata nel laboratorio di sartoria compita e silenziosa. Un po' contratta in viso, un velo di rossore che traspariva sotto l'incarnato scuro: soddisfazione per il campione che si tirava dietro.

Tirare, proprio.

Perché Niccolò l'aveva seguita come se fosse incatenato.

Discussioni, la sera prima, a cena.

La prova?

E che bisogno c'era?

«C'è», aveva detto sua madre.

Per un paio di pantaloni da allungare?

«Sì.»

E se si fosse trattato di un vestito allora, quanto avrebbe dovuto stare in ballo?

«Si può sapere perché tante storie?»

E va bene, aveva concesso Niccolò, voleva dire che li avrebbe provati, una volta tornato.

«Tornato? E da dove?» s'era allarmata la Sciacca.

Milano, dopo l'ultimo incontro con il suo relatore.

«E adesso me lo vieni a dire?»

«Ma', te l'ho detto ma se non mi stai a sentire...»

La donna aveva boccheggiato un istante.
«La prova è alle sei», aveva detto poi.
Niccolò, apposta, l'aveva tenuta sulla corda.
Alle sei, alle sei...
Quindi: «Va bene, ma qui in casa».
«Là», aveva corretto l'Assunta.
Se ci fosse stato ancora qualcosa da aggiustare era più comodo così, il tempo stringeva, non si poteva fare altrimenti.
«Là», aveva ribadito l'Assunta.
«Ma dico io, sistemare un paio di pantaloni è così complicato?» aveva obiettato il giovanotto.
«Digli qualcosa anche tu», aveva interloquito l'Assunta chiamando in causa il marito.
Rosvaldo Camminatore aveva seguito il battibecco con la speranza che finisse quanto prima in modo da poter uscire e andarsi a fare il solito giro di carte con gli amici.
Era intervenuto.
«Dai, Niccolò...» aveva detto senza andare oltre.
Non che l'intervento del genitore fosse stato decisivo. Piuttosto il giovanotto aveva compreso che avanti di quel passo non avrebbero mai finito di discutere.
«E va be'», s'era arreso, perdendo così la prima causa della sua vita.

14.

Alto, pallido, tutt'altro che peloso.

Bello?

Non proprio.

Cioè...

Ben fatto ma niente di che.

Tuttavia.

Cosa contava di più in un uomo?

La bellezza forse? O la posizione?

La bellezza ce l'aveva lei, in casa.

«Vogliamo provare?» chiese la Cereda rompendo il ghiaccio.

«Proviamo», rispose la Sciacca.

Niccolò s'era impalato al centro del locale.

Pensava: mica dovrò togliermi i pantaloni qui?

Quasi in risposta: «Un attimo solo», fece la Cereda.

Vincenza era lì, nel locale destinato alle prove dove in verità sino a quel momento nessuno aveva mai provato alcunché.

Studiava.

O forse aveva finito poiché da una ventina di minuti stava infiorettando il bordo di una pagina del libro di letteratura italiana.

La Cereda chiamò: «Vincenza», avvicinandosi al tendone che separava i due settori del laboratorio.

La ragazza comparve, inconsapevole della parte che sua madre le stava facendo recitare.

«Ecco», disse la vedova Cereda.

Niccolò restò per un lungo momento a guardare la ragazza, una vera bellezza. Poi, notando che stava arrossendo, mosse un paio di passi verso la sala prove.

La Sciacca guardò la Cereda, il sorriso che le increspava le labbra.

Merce pregiata quella che era uscita da dietro il tendone, altro che la candeletta che l'aveva ricevuta domenica pomeriggio.

Ma lo era altrettanto quella che lei s'era portata dietro: posizione da una parte, bellezza dall'altra. Pareva proprio che il destino avesse architettato quell'incontro, la Sciacca non riuscì a contenere il pensiero.

I pantaloni erano perfetti, vestivano come un pennello, non facevano una piega.

«Un lavoro impeccabile», commentò Assunta Sciacca.

Con signorile fermezza la Cereda non volle sentir parlare di denaro. L'Assunta insisté quel giusto.

Infine uscì dal laboratorio di sartoria sentendo per la prima volta in vita sua di aver ricevuto una cortesia e non la carità. Non vedeva l'ora di dirlo al marito. La carità era cosa passata ormai.

«Ti devo dire una cosa», gli sussurrò all'orecchio quand'erano a letto parlando in dialetto.

«È 'n sicretu?» pure lui sottovoce.

«Ho visto la femmina giusta per Niccolò. Ma non lo deve sapere.»

Il Camminatore evitò di commentare, tempo perso cercare di convincere sua moglie che il loro figlio era grande, non aveva più bisogno di essere imboccato.

«Per intanto lasciamolo laureare», disse.

«Che ci vuole», ribatté l'Assunta sbadigliando.

Una manciata di ore e in casa sarebbe entrato il dottor Niccolò Camminatore. Avvocato.

Laureato a pieni voti.

15.

Minni di virgini, cucchiteddi di Sciacca, 'nzuddi e muccunetti.

Più un po' di passito delle Lipari.

Il tutto da spedire in treno, fermoposta Bellano, tasse e quel che c'era da pagare a carico del destinatario. Ritirò e pagò il destinatario Camminatore padre nel pomeriggio di mercoledì 5 maggio dopo essersi infine convinto che tutta quella roba era proprio per lui.

«Ma che è?» volle sapere entrando in casa.

«La vogliamo festeggiare o no la laurea di tuo figlio?» rispose la Sciacca.

L'aveva fatto lei l'ordine, per telefono, alla sorella di giù, la settimana prima, approfittando di un pomeriggio in cui era sola quando ormai alla fantasia che aveva creato attorno al giorno fatale le mancava solo di aggiungere le trombe del giudizio universale o le salve di una batteria di cannoni. Per il resto c'era tutto.

All'Assunta, quando pensava al giorno della laurea, bastava chiudere gli occhi e vedere loro tre, ma il figlio un passo avanti, che raggiungevano la stazione a metà mattina in pieno sole, nel silenzio ammirato di quelli che incontravano compresi pure loro nell'importanza del momento. Ma anche dopo sul treno, e a Milano, Milano difficile da immaginare, Milano e basta... anche dopo vedeva sguardi lucidi di meraviglia.

E non poteva essere altrimenti perché in quella fantasia Niccolò era il primo al mondo a laurearsi avvocato e i meritati applausi della folla che assisteva alla cerimonia avrebbero fatto lo stesso rumore dell'acqua quando pioveva così forte che il fiume si gonfiava e dalla cucina di casa ne avvertiva il fragore.

Colori, rumori, gesti così precisi che ormai la Sciacca non aspettava che di rivedere dal vivo, con gli occhi aperti. Così che quando la mattina del giorno tanto atteso s'era svegliata aveva davvero creduto di sentire uno scroscio di applausi mentre fuori, sul lago, s'era scatenato un temporale. Erano all'incirca le quattro del mattino, i due uomini di casa dormivano. Aveva raggiunto la cucina, muta, alla finestra, ad ascoltare i tuoni, a guardare quell'acqua che cadeva di traverso, pensando al bel vestito di suo figlio avvocato che si sarebbe inevitabilmente inzaccherato.

Le cose non erano migliorate quando s'era fatta l'ora di partire. Aveva smesso di piovere ma s'era levato un ventaccio che spingeva grossi banchi di nuvole scure, disordinando il bel quadro che l'Assunta aveva dipinto. Lei aveva tentato di rimettere ordine, ma per farlo avrebbe dovuto tenere gli occhi chiusi. Per quelle poche ore passate fuori porta s'era invece trovata a combattere contro la sensazione di essere ancora più piccola e tonda di quel che era, quasi impedita a parlare, una specie di magone, appena un sussurro la voce del marito che le aveva chiesto più volte cosa avesse, se stava bene.

Quando ormai erano sul treno del ritorno le era venuto il pensiero che se avesse immaginato che niente, ma niente niente, di ciò che aveva fantasticato le sarebbe stato concesso, come di fatto era stato, ecco, allora avrebbe preferito rimanere a casa a cullarsi nel teatrino che aveva creato un pezzo alla volta, un giorno dopo l'altro. Per anni.

Ma tanto ormai.

All'ennesima domanda di marito e figlio, cos'avesse, perché stava muta, aveva chiuso la questione dicendo che era confusa, stanca, troppa roba in un'unica giornata. In realtà si sentiva come se quella giornata l'avesse vissuta un'altra Assunta. Ma era cosa che non riguardava nessun altro all'infuori di lei.

Solo una volta rientrata in casa aveva ripreso a essere la solita, tant'è che una delle prime cose che aveva detto al figlio era stata l'invito ad andarsi a cambiare, giacca e pantaloni erano stazzonati, puzzavano di treno, li avrebbe portati in lavanderia l'indomani. Il tempo, che per quel giorno sembrava averla dimenticata, aveva ripreso a correre e lei con lui. Come aveva fatto centinaia di volte nella sua vita, aveva ingoiato anche quella giornata rovinata dalla pioggia e dal vento che aveva continuato a fischiare durante la notte. Era stata sciocca a lasciarsi trascinare dalla fantasia? Va be', acqua passata. Ma adesso era la mamma di un dottore avvocato, pura realtà che nessun vento poteva cancellare, nessuno doveva dimenticare. Nemmeno suo marito.

Quindi, la volevano festeggiare o no la laurea del loro figlio?

«Tre ne possiamo festeggiare di lauree», osservò il Rosvaldo stante la quantità di dolciumi che uscì dalla cassa. E pure avrebbe potuto bbiarisi a tri, aggiunse, contando le bottiglie di passito, quattro, che completavano il pacco.

L'Assunta scosse le spalle. Alla sorella mica aveva specificato la quantità, solo di tenere conto che la roba era per festeggiare suo nipote che si laureava avvocato. Poco continuava a importarle che per il momento fosse dottore in legge, e che per dirsi avvocato avrebbe dovuto darsi da fare ancora un po'. A lei piaceva così.

E poi: «Tutta 'sta roba non è mica solo per noi», avvisò il marito.

Il Rosvaldo la guardò quasi divertito.

«Ah no?»

E chi diavolo dovevano invitare che in casa loro non era mai entrato nessuno a parte la breva o il vento, secondo come girava l'aria e quando c'era qualche finestra aperta?

Di quello il marito non si doveva preoccupare e tenesse lontane le mani dai dolci.

«Sciò», disse, «aria adesso.»

E una volta rimasta sola, visto che Niccolò era a Milano per ritirare alcuni documenti, andò a nascondere dolci e vino in camera da letto, dopodiché richiamò il marito con una certa urgenza.

Il tempo stringeva infatti.

Anzi, volava.

E non poteva pretendere che sant'Antonio, promotore di matrimoni e per logica anche di fidanzamenti, avesse per le mani solo la sua pratica.

16.

La Cereda non l'aspettava più.

Come si diceva?

Fatta la grazia eccetera.

S'era sbagliata, aveva interpretato per intelligenza, nello sguardo della siciliana, quello che invece era stato un lampo di bassa furbizia. Tipico di quella gente lì che, anche con un figlio avvocato, restava pur sempre quello che era.

Quando, alzando gli occhi da un'asola, se la trovò davanti aveva ancora l'espressione altera che i pensieri che andava cucendo le avevano disegnato in viso.

La Sciacca pensò che non stesse bene.

Si informò.

«Mi sono punta un dito», rispose la Cereda.

Meno male, rifletté l'Assunta. Dolcetti siciliani e un goccio di passito volevano gente in salute.

«Mio marito e io non ci siamo dimenticati della vostra premura», disse allora.

Rosvaldo Camminatore fece appena un cenno col capo. Aveva resistito finché aveva potuto, ma alla fine aveva dovuto cedere, l'Assunta non aveva sentito ragioni.

«Vieni anche tu a vedere che razza di bellezza!» ricorrendo ancora al dialetto.

«Ma ti criu!»

«Vèni!»

E morta lì, discutere con la moglie su quelle faccende era come al solito tempo perso.

La Cereda mise da parte la giacca.
«Una sciocchezza», rispose volteggiando una mano.
«Ci...» partì in tromba la Sciacca.
Ma subito si ingolfò.
Avrebbe dovuto pensare a cosa dire prima di entrare nel laboratorio, ordinare per bene le parole.
Ci o mi, innanzitutto?
Anzi, prima ancora, partire subito con l'invito oppure preparare la strada?
Simulò un colpo di tosse.
Si scusò.
Ricominciò da capo.
«Domenica prossima festeggeremo la laurea», disse. «Se non ha altri impegni...»
Tirò il fiato perché aveva parlato in fretta.
«...se non ha altri impegni ci farebbe piacere se... se...»
I verbi!
«...se venite. Naturalmente con la sua famiglia.»
Era fatta, rifletté la Sciacca sentendosi rossa e sudata.
Adesso toccava alla vedova.
Silenzio però, sulla bocca e sul viso della Cereda.
Cos'era, un no?
In un certo senso...
Perché, no, stava pensando la Cereda, non si sarebbe mai portata appresso quella sconvolta della prima figlia, che tra l'altro non vedeva da gran tempo, e nemmeno la Rita a fare la quaresima.
Nessuna famiglia.
«Ben volentieri», disse infine. «Verrò con Vincenza...»
«Me la saluti la sua cara figliola», disse la Sciacca occhieggiando la tenda dietro la quale Vincenza studiava.
«Ma certo. Oggi purtroppo non è qui, al mercoledì si ferma sempre in biblioteca.»
Le altre due, si affrettò ad aggiungere la vedova Cereda, avevano già degli impegni per la domenica, quindi...
Meno male, pensò l'Assunta ma disse: «Peccato».

Bene così, era quello che voleva: Vincenza, che non aveva mai impegni tranne quelli che sua madre decideva per lei.

«E accussì non vitti tutta chista bbiddrizza», commentò il marito sulla strada di casa.

«È una ragazza studiosa», rispose Assunta Sciacca in corretto italiano.

Però, obiettò l'uomo, avrebbe potuto avvisarlo che intendeva invitare quelle due alla festicciola e non ingannarlo dicendogli che lo voleva con sé per ringraziare la sarta della gentilezza eccetera eccetera.

«Perché, avevi qualcosa in contrario?» chiese la moglie.

«A lui l'hai detto?» si informò il marito.

L'Assunta tacque un istante.

«Una cosa alla volta», disse poi.

Il Rosvaldo sorrise.

«E mo' vediamo», commentò.

17.

E che, non poteva fare un piacere alla sua mamma?

«Una festicciola?» era sbottato Niccolò alla notizia che la madre gli aveva dato quella stessa sera subito dopo cena. «Ma dai...»

L'Assunta aveva calato il primo asso.

«Anche tuo padre è d'accordo.»

Il genitore aveva cercato di non far trasparire che, insomma, non era proprio andata così, soprattutto dopo l'occhiata che la moglie gli aveva lanciato.

«E va be', ma il mio parere non conta?» aveva obiettato il giovanotto.

Quand'è che sua madre avrebbe smesso di fargli trovare la pappa pronta, quando si sarebbe resa conto che era grande e per le festicciole di famiglia il tempo era passato?

L'Assunta aveva calato il secondo asso. Non doveva temere troppa confusione perché la sarta sarebbe venuta con una sola delle sue figlie, quella che aveva visto anche lui.

«E non lo puoi fare un piacere alla tua mamma?» aveva allora chiesto.

Gli costava così tanto dedicarle un paio d'ore, era chiedere troppo?

«Non voglio debiti con nessuno», aveva dichiarato infine la Sciacca.

Due ore, quattro chiacchiere, un brindisi al figlio avvocato.

E avrebbe pareggiato il favore dei pantaloni.

«Poi non ti chiederò più niente», aveva dichiarato con solennità Assunta Sciacca.

A quel punto Niccolò non aveva obiettato altro al pensiero di rivedere la bellezza che in quei giorni gli era tornata in mente più volte. S'era chiesto come fare per incontrarla, attaccare bottone... ed ecco fatto, ci aveva pensato sua madre.

E brava mammà!

Zitto però, perché da quel momento in avanti sarebbe stato solo affar suo.

18.

Forse il Sofia aveva trovato il moroso. O forse l'aveva perso. Chi lo poteva dire.

Domenica mattina, alle dieci spaccate, in contemporanea coi campanoni della messa grande, mise sul giradischi *Mi sono innamorato di te* nella versione cantata da Johnny Dorelli.

Una menata.

Non piacque nemmeno alla Cuchina, che pure apprezzava tutte le scelte del suo dirimpettaio.

Il Fisima tentò di fargli cambiare disco.

«Sofia, mòchela con 'sta lagna!»

Ma il Sofia, niente da fare.

E allora più probabile che non l'aveva trovato il moroso, perso invece.

Peccato perché una domenica come quella avrebbe meritato qualcosa di molto, molto allegro, quasi scatenato. Uno di quei bei dischi stranieri dove i cantanti continuavano a ripetere o bebi bebi bàla bàla! e la Cuchina si esaltava cantando anche lei bèbi bèbi bàla bàla battendo il ritmo con le mani sul tavolo e a volte trascinava anche il figlio che si metteva a suonare la batteria con un paio di cucchiai e il coperchio di una pentola.

La breva che s'era levata più presto del solito aveva soppiantato quel vento che nei mesi precedenti aveva soffiato un po' sì e un po' no portando aria piacevolmente calda, e l'umore del paesaggio ne aveva tratto giovamento. Come se, sulle folate della breva, arrivassero piccole scosse elettriche, avanguardie dell'estate piena, dei colori accecanti, dei gatti sdraiati a dormicchiare, del calore che scacciava anche dalle contrade perlomeno l'umidità, lasciandovi solo l'odore di muffa.

Belle dentro quella bellezza ineffabile, Vincenza e sua madre sbucarono da via Porta quando mancavano venti minuti alle due, ora dell'appuntamento in casa Camminatore.

Alla notizia della festicciola, Vincenza aveva subito pensato a quello che avrebbe risposto la sua amica Selene, alla libertà che aveva, in casa, dove fumava anche davanti a sua madre, e fuori. Era certa che avrebbe rifiutato, con una bella risata. L'aveva immaginata prenderla in giro.

Una festicciola di famiglia?

Uuuh, che bel divertimento!

Avrebbe mimato le mosse, parlato sporgendo le labbra, finto di bere da una tazzina tenuta tra indice e pollice e col mignolo in su.

Lei, invece, era riuscita a opporre solo un'espressione attonita cui sua madre aveva subito reagito.

«Non vorrai lasciarmi sola soletta», aveva detto, «ad affrontare tutta quella gente, vero?»

Quanti Camminatore avrebbe dovuto fronteggiare infatti?

La luce del lago investì entrambe, e tutte e due ebbero l'impressione di essere guardate.

E un pensiero, di aver superato un confine con appena pochi passi e sentirsi solide, appartenenti a pieno diritto a quello spettacolo di luce che aveva illuso di eternità chissà quanti esseri umani nei tempi passati e che con altri avrebbe fatto lo stesso in quello a venire.

Luminose davvero, due sorelle, non madre e figlia.

S'incamminarono sottobraccio sul lungolago.

Lentamente, come fosse un'abitudine, senza parlare, impassibile Vincenza, un po' altera la vedova Cereda, conscia di come gran parte della bellezza che aveva al braccio fosse merito suo.

Davanti alla porta di casa Camminatore la vedova si preoccupò che Vincenza non avesse sudato. La baciò sulla fronte, le ricompose una ciocca di capelli. La ragazza lasciò fare, ricacciando il fastidio di quelle cure puerili.

«Andiamo», disse poi la madre.

E suonò il campanello.

19.

O sunamu u marauni?

Rosvaldo Camminatore l'aveva sparata al buio quella frase, entrando nel letto. Aveva trascorso la solita sera di sabato con gli amici al bar, qualche giro di carte e chiacchiere ed era uscito sulle note della sigla finale del varietà *Studio uno* e con in testa le cosce delle gemelle Kessler.

Assunta Sciacca era già sotto le coperte ma non dormiva ancora. Prima di rispondere aveva pensato di aver sentito male.

Suonare lo scacciapensieri?

Da quanto tempo non sentiva quella frase?

Da quanto tempo non lo facevano?

Meglio non fare conti.

E non li aveva fatti riflettendo che, piuttosto, sarebbe stato meglio lasciarsi avvincere dalla cantilena di quelle poche parole che era un po' come tornare ai tempi in cui lo scacciapensieri lo suonavano anche un paio di volte al giorno.

Non erano più quegli anni certo.

Ma l'eccitazione per la domenica che di lì a poco sarebbe cominciata rischiava di tenerla sveglia per l'intera notte. Inoltre, fin da quando s'era messa a letto, il marito ancora fuori casa, le era sembrato che il pacco di dolci che aveva sotto il letto le stesse riscaldando il sangue come a quei tempi là.

L'uscita del Rosvaldo aveva completato l'operazione, uno più uno due.

Una bella faticata era quello che ci voleva.

Anche perché il Rosvaldo quando ci si metteva mica scherzava.

Dotato era.

E, per la proprietà transitiva del pensiero, pensò che pure Niccolò era stato benedetto come suo marito.

L'aveva intravisto o no?

Il marito attendeva una mossa, la Sciacca tentò di scacciare senza riuscire il pensiero di Niccolò e della sua dote.

«Allora», rispose, «'stu marauni?»

A sinfonia finita, fantasticò di essere Vincenza, felice come lei per il benessere che aveva provato.

20.

Un paio di anni prima, in una sortita al cinema rara come la neve in agosto, la vedova Cereda aveva visto in un cinegiornale un servizio su un tempio.

Indiano, buddhista, indù, non ricordava quale fosse il paese, il popolo, la religione.

Le immagini di quel filmato, sepolte chissà dove, tornarono alla superficie della sua memoria non appena entrò in casa della Sciacca. Il corridoio che l'accolse, lungo il quale si aprivano i quattro locali dell'appartamento, due a destra, due a sinistra, pareva avesse una malattia infettiva. Macchie come morbillo su entrambi i lati che nel giro di pochi istanti, adattatosi l'occhio dall'abbacinante luce di fuori alla penombra, si rivelarono piattini.

Ricordi di – la vedova Cereda ne memorizzò solo alcuni mentre la Sciacca faceva strada – Amalfi, Sorrento, Capri, Ischia, Girgenti, Aci Trezza, Gallipoli, Maratea, Napoli ma anche Venezia, Trieste, Rimini, Firenze, Roma. Un'ossessione della Sciacca cui il marito aveva dovuto piegarsi nonostante i tempi in cui era manovale delle ferrovie fossero lontani. Ma manteneva amici tra ferrovieri viaggianti e no. E ai primi doveva chiedere di portare, in cambio di vasetti delle più varie conserve che la Sciacca preparava o riceveva da giù, un ricordo dei luoghi dove il servizio li mandava. Ossessione che celebrava il suo trionfo nella sala buona di casa, locale che accolse la vedova Cereda e Vincenza con l'inconfondibile odore delle stanze in cui non entrava quasi mai nessuno.

Sui mobili, esposti in due vetrinette, sul tavolo rotondo e su un tavolinetto basso, sorta di poggiapiedi, erano disseminate dozzinali riproduzioni di monumenti famosi: un Colosseo, una tour Eiffel, una torre di Pisa, un'arena di Verona, una Pietà di Michelangelo, un duomo di Milano. Qua e là coloratissimi carretti siciliani di varie misure. Su una delle due vetrine troneggiava un'imponente gondola veneziana.

In mezzo a tutta quella geografia stavano i due uomini di casa, Rosvaldo e Niccolò, così li aveva piazzati l'Assunta secondo una sua personale idea di cerimoniale.

In piedi, già in attesa.

Niccolò con il noto vestito della laurea, Rosvaldo in camicia e pantaloni, quasi dovesse sottolineare una differenza.

La Sciacca distribuì i posti, calcolo che aveva fatto e rifatto. Il figlio e la giovane a tiro d'occhio: più per lui in realtà, che si rendesse conto della bellezza che gli aveva portato in casa mentre alla Vincenza doveva bastare il sentire l'intelligenza che sarebbe uscita dalle labbra dell'avvocato. Lei invece di lato alla vedova Cereda ma vicina, quasi a contatto di sudore, così che si potessero scambiare minimi gesti, ammiccamenti o quant'altro potesse confermare senza che gli altri si impicciassero che tra loro si stesse formando una segreta intesa.

Suo marito infine, va be', poteva scegliere di stare dove voleva, anche in piedi, tanto l'aveva destinato a fare il cameriere per l'occasione.

Quando, passato un quarto d'ora in chiacchiere che avevano sciolto il ghiaccio e rilassato l'atmosfera, lo comandò con un gesto di rifornire la tavola con il bendidio di giù, il campanello di casa suonò.

La vedova Cereda pensò a dei Camminatore di cui le era sfuggita l'esistenza e si imbruttì al pensiero che di lì a poco in quella saletta museale si sarebbe animata una corrida. Ma la Sciacca ne sconfessò l'ipotesi all'istante.

Sicilianamente.
«Cu minchia è?» sbottò guardando il marito.
Per saperlo non restava che andare ad aprire la porta.

21.

Perché mai non avrebbe dovuto invitarli visto che quelli erano i *suoi* amici?

Era una festa, no?

E Niccolò, Niccolò era anche figlio suo!

La sera prima, al momento dei saluti, il Camminatore senior aveva detto della festicciola e proposto ai soci di cambiare il solito programma della domenica. Anziché al bar, a casa sua, dove comunque avrebbero potuto seguire *Tutto il calcio minuto per minuto* e magari anche farsi qualche giro di carte.

Vincenzo La Fiorita e Gaetano Santomare, certi di non sbagliare, s'erano tirati dietro pure un cugino del Santomare, Calogero Pizzuti, agente scelto della polizia ferroviaria che da poco più di un mese era in servizio presso la stazione di Lecco e che quel pomeriggio veniva a Bellano per la prima volta a trovare il congiunto.

«Dovevi dirmelo», sentenziò Assunta Sciacca.

«Cos'è, non sono più il padrone di casa? Devo chiedere permesso per entrare?» ribatté Rosvaldo.

Era ormai sera, le ombre della domenica avevano il sapore della stanchezza mentre sul viso della Sciacca una sfumatura giallognola dava conto di una rabbia che faticava a sbollire.

Il copione che s'era immaginata per quel pomeriggio era stato sovvertito, rovinato addirittura, dall'arrivo degli amici del marito che se l'erano presa comoda.

Anche con il passito che, un goccio via l'altro, aveva riscaldato il sangue e l'anima e sciolto le lingue dando la stura a barzellette, aneddoti sul bel tempo andato con l'intermezzo di qualche pacato complimento alla bellezza delle due ospiti e auguri al neodottore. Il La Fiorita era stato il più attivo nello sparare battute e nell'attingere al liquoroso vino.

«Vorrà dire che se mi capita qualche guaio mi rivolgerò allo studio Camminatore», aveva detto a un certo punto.

«Sì, ma non metterti fretta», aveva sorriso Rosvaldo.

«Va be'», aveva ribattuto quello, «allora aspetterò il momento giusto prima di combinare qualche minchiata.»

Assunta Sciacca, nonostante più di un'occhiataccia al marito affinché capisse di prendersi i tre e almeno portarseli in cucina, non era riuscita a riprendere il comando delle operazioni.

La vedova Cereda aveva dimostrato di saper stare al mondo, sorridendo di tanto in tanto a qualche battuta, scambiando sottovoce pareri con la Sciacca che si era vista costretta a dissimulare il malumore per l'invasione.

Vincenza, dopo appena un goccio di passito, era fiorita in viso.

Niccolò, per parte sua, dopo essersi concesso per un po' alla parte maschia dell'assemblea, aveva accorciato la distanza con la giovane e con la scusa di rabboccarle il bicchiere, ricevendo un rifiuto col solo gesto di una mano, ci aveva scambiato quattro chiacchiere che si erano confuse nell'intreccio delle altre.

Mancavano pochi minuti alle cinque quando il La Fiorita aveva levato il bicchiere per un ultimo brindisi.

Alla bella compagnia e al prossimo avvocato, aveva detto.

Era stato un segnale anche per Vincenza e sua madre che avevano lasciato casa Camminatore dopo l'uscita dei tre soci del padrone di casa.

Niccolò seguì l'esempio degli ospiti. Due passi fuori

casa, per prendere un po' d'aria, pensare a quella ragazza e anche stare lontano dal litigio a denti stretti che, ne era sicuro, si sarebbe animato tra i genitori.

22.

La Cereda era rientrata a casa con un filo di mal di testa: la confusione del pomeriggio appena trascorso più due o tre dolcetti che aveva mangiato per cortesia e le si erano piantati sullo stomaco.

Senza contare un paio di pensieri.

Lungo la strada del ritorno, nel respiro della breva che stava cedendo, di fronte a un paesaggio che aveva perso un poco dello splendore del primo pomeriggio, aveva chiesto alla figlia di cosa avesse parlato col giovanotto. L'aria profumava di lago, ineffabile invito a guardare alla bella stagione ormai alle porte.

Più lui di lei, aveva risposto Vincenza.

Le aveva chiesto che intenzioni avesse una volta preso il diploma magistrale ma non le aveva quasi dato il tempo di rispondere, passando a dichiarare le proprie.

Avvocato civilista, e non certo in quel buco di paese. Mirava in alto, dopo un periodo di doveroso apprendistato, Lecco o addirittura Milano, qualche contatto l'aveva ma non ne aveva mai parlato in casa per non turbare sua madre soprattutto, per la quale il mondo si riduceva a quel paese e niente più.

Bisognava pensare in grande se si voleva ottenere qualcosa dalla vita, aveva affermato.

«Non lo credi anche tu?» le aveva chiesto la madre.

Vincenza non aveva saputo rispondere.

La Cereda sì. E l'aveva fatto.

«Se non lo fai da giovane non puoi certo rimediare

quando arrivi alla mia età.» Ma soprattutto, le aveva detto guardandola negli occhi, non bisognava illudersi che bastasse l'amore per garantirsi una vita felice.

Vincenza era rimasta sorpresa da quelle parole, aveva pensato alla madre di Selene: avrebbe mai fatto discorsi del genere alla figlia? E nel caso la sua amica cosa avrebbe risposto? Forse avrebbe riso e basta.

«Prendi me, noi», aveva però proseguito la Cereda. Guardasse dove le aveva portate l'amore! Vincenza non aveva saputo cosa dire, mai sua madre le aveva rivolto parole del genere.

«Non è il caso di spaventarsi, c'è tempo», l'aveva chiusa la donna. Ma quel giovanotto, aveva solo aggiunto, non apparteneva già più al mondo dei suoi genitori e nemmeno al loro. Nemmeno a quel misero paese, visto che le aveva detto di avere altre mire. Ma non era certo il caso di prendere decisioni avventate, aveva poi alleggerito la vedova Cereda. Tuttavia conoscerlo un po' meglio non costava niente.

Poi una volta in casa, due dita a stringersi le tempie, aveva detto di aver bisogno di una bella dormita. Invece aveva passato parte della notte correndo appresso a certi pensieri. Non era sicura che Vincenza avesse inteso il senso delle sue parole perciò doveva essere lei a fare in modo di non perdere contatto con la Sciacca. Le toccava fare una mossa, qualcosa affinché i rapporti tra le due famiglie continuassero a beneficio del giovanotto e di sua figlia che, lo capiva, dopo averla tanto protetta, andava un po' spinta, con giudizio, in quella direzione. Muoversi ancora un po' per conto terzi. Poi, una volta che i due avessero cominciato a frequentarsi, le cose avrebbero potuto andare avanti per conto proprio.

Un passo, quindi. E che desse alla Sciacca l'idea che benché la vita avesse tentato di piegarla lei aveva resistito. E in più non era tipo da consolarsi collezionando piattini ricordo e carabattole simili.

23.

Fina d'olfatto ma di normale udito la Spinetta Buboli. D'altronde non bisognava essere particolarmente dotati per sentire il casino di urla e rumori che, verso le undici di quella notte, provenne dalla casa del rione Pradegiana dove abitavano Lirina Cereda e il muratore Loreto Damato, suo marito. Quale dei due fosse più alterato, difficile stabilirlo. A dire il vero la Spinetta, considerando il fine settimana, aveva pensato che entrambi si fossero talmente macerati da essere caduti in una specie di oblio, tant'era il silenzio che veniva da quella casa. Verso le undici invece il concerto di colpi, insulti e maledizioni di ogni genere era partito con una singolare violenza nel momento in cui il muratore aveva trovato la porta di casa chiusa.

Mancava infatti dalla tarda mattinata.

Era uscito da casa senza nemmeno salutare, ma con la precisa intenzione di fare il giro di tutte le sue chiese e invece si era fermato in una sola, all'osteria del Ponte invasa da una trentina di ragazzi del '99 che con le rispettive famiglie erano venuti in gita da Merate e dintorni.

Dopo la messa celebrata presso la chiesa sacrario di San Rocco s'erano piazzati all'osteria e senza perdere tempo, anche grazie a uno che s'era portato la fisarmonica, avevano dato il via ai canti, roba che sembrava carnevale. Un invito a nozze per il muratore che, bicchiere in mano, s'era associato, mostrando di possedere una discreta voce da contralto.

La compagnia l'aveva subito fagocitato e a nulla erano serviti gli inviti dell'oste a ricordargli che era mezzogiorno, poi l'una, eccetera, e magari qualcuno lo aspettava a casa.

La moglie, appunto. Che aveva pazientato fino alle dodici e mezza dopodiché aveva mangiato qualcosina masticando soprattutto rabbia e scolandosi, un bicchiere dopo l'altro, un intero bottiglione di manduria rinforzato. Col che, verso le cinque del pomeriggio, mentre i ragazzi del '99 riprendevano la strada di casa, lei aveva raggiunto il letto, mentre il marito, accompagnato alla porta dall'oste, aveva deciso di riprendere e completare l'itinerario che aveva in testa fin dal mattino.

Cinque e tre otto. In quelle tre ore, dalle cinque alle otto, aveva visitato, lungamente sostando, l'osteria del Lasco, il trani della Lena, il Cantinone dedicandosi a lente suzioni. Uscito da quest'ultimo, quando con pochi passi avrebbe potuto ritornare a casa, aveva pensato che un'ultima tappa al bar Vitali ci poteva stare. E così aveva fatto. Ci era entrato sbandando e ancora di più ne era uscito poiché il proprietario, dopo avergli negato più volte il bicchiere e non sopportando le sue proteste biascicate, l'aveva spinto fuori con modi spicci.

A quel punto il muratore aveva preso la direzione che la botta del barista gli aveva dato e l'aveva seguita, attraversando la strada e raggiungendo una panchina rivolta al molo dove, sotto lo sguardo indifferente del mezzobusto dedicato a Sigismondo Boldoni, s'era addormentato in un amen.

Si era risvegliato due ore più tardi, intronato come se avesse la testa dentro una campana in piena attività. S'era avviato dopo numerose prove per mantenere un minimo di equilibrio e infine, giunto a casa, s'era trovato faccia a faccia con la porta chiusa. I pugni con i quali aveva cominciato a tempestarla avevano svegliato la moglie che non vedeva l'ora di dirgli che per quanto la riguardava poteva dormire sulle scale, in piazza, ovunque, tranne che lì. L'uomo aveva reagito con una prima serie di insulti cui la donna aveva risposto con altrettanta varietà e poi era passato alle vie di fatto: dopo quattro, cinque spallate la porta aveva ceduto e i due si erano trovati faccia a faccia.

Spinetta Buboli era già in allerta, ma la violenza del litigio che ne era seguito l'aveva convinta della necessità di chiamare i carabinieri.

24.

Toccò all'appuntato, assente il maresciallo, ordinare al carabiniere scelto Missili di intervenire, raccomandandogli di agire con cautela ove possibile. Tuttavia il militare s'era trovato a fare fronte a due diavoli scatenati che nemmeno si erano accorti della sua presenza e di quella, alle sue spalle, della Buboli, che gli aveva mostrato la strada e adesso, continuando a ripetere «Si ammazzano, si ammazzano!», prendeva nota di ogni particolare così da poter raccontare per filo e per segno la scena.

Rompendo infine gli indugi il carabiniere si era messo di mezzo riuscendo a interrompere per un istante le grida, ma aveva anche riflettuto che, stante lo stato di esaltazione di entrambi i contendenti, via lui la rissa non poteva che riprendere.

Separarli, aveva concluso. Allontanarli uno dall'altra, almeno per quella notte. E, considerando tra sé i muscoli del muratore, si decise a prendersi la donna.

«Mi segua.»

«Io?» bofonchiò lei.

«Senza far storie», ribatté con decisione.

La Buboli, sempre sulla soglia di casa, sussultò. Un arresto! Roba da non credere.

Lirina nel frattempo era sembrato volesse resistere all'ordine del carabiniere. Stava invece cercando qualcosa da dire per avere l'ultima parola. Guardò il marito e: «Te non mi vedi più», disse prima di muoversi.

«Crepa», rispose lui.

Il Missili aveva già appoggiato una mano sulla schiena della donna.

«Andiamo, su», la invitò con dolcezza avviandosi.

Pure la Spinetta zampettò via e chiudendosi in casa, due giri di chiave. Tanto quello che c'era da vedere l'aveva visto e l'indomani per lei sarebbe stata giornata di gloria.

Per il momento tutto sembrò finire lì.

Lunedì mattina però…

25.

Alle sette di lunedì mattina il maresciallo Benaccorti venne aggiornato sul perché nella camera di sicurezza, e con la porta aperta, c'era una donna che dormiva. Approvò il modo di agire del suo carabiniere. Però adesso: «Svegliala e rimandala a casa», disse.

Pochi minuti dopo il Missili era di nuovo nel suo ufficio.

«Dice che a casa sua non ci vuole tornare», lo informò.

«Vuole restare qui in caserma?» chiese il maresciallo sorridendo.

«No», rispose il carabiniere, «dice che vuole andare a casa di sua madre.»

«Vada un po' dove vuole», concluse il Benaccorti.

«Dice che però bisogna che qualcuno la accompagni», proseguì il Missili.

Il maresciallo incrociò le mani sul petto.

«Vuole che le chiamiamo un tassì?»

Il Missili si imporporò, capiva che il maresciallo si stava innervosendo ma che colpa ne aveva lui? Fino a quel momento non aveva fatto altro che rispondere alle sue domande, obbediente e rispettoso. Adesso però doveva rompere gli indugi se non voleva che il suo superiore se la prendesse come se avesse disatteso gli ordini ricevuti.

«Essendosi che la signora...»

«Essendosi?» lo interruppe subito il Benaccorti.

«Cioè», riprese il Missili.

Non correndo buona armonia tra la signora allo stato

presente nella camera di sicurezza e la famiglia di origine, la signora in oggetto temeva che la stessa famiglia opponesse resistenza ad accettarla, ragione per la quale chiedeva un accompagnamento che le potesse invece garantire di venire bene accolta.

Il maresciallo soppesò quanto sentito.

«Prima o poi ti spiegherò la differenza che c'è tra scrivere un verbale e parlare come un verbale», disse poi.

«Comandi», rispose quello.

«Sì, va be'. Però facciamo così. Mi vai a chiamare qualcuno della famiglia e me lo porti qui. Siamo carabinieri noi, mica l'opera maternità e infanzia.»

Erano quasi le otto della mattina quando Luisago Ornella, che aveva fatto il giro lungo per non passare davanti alla sartoria, si trovò alle spalle del carabiniere Missili che camminava spedito lungo via Manzoni per fermarsi davanti alla porta di casa Cereda. Avrebbe pagato pur di sapere cosa stava succedendo, ma non fu necessario.

Spinetta Buboli aveva in corso la sua seconda uscita quotidiana, il pane, le michette che solo il Gino, giù in Coltogno, subito dopo il ponte sul Pioverna, sapeva fare così buone. Le bastò salutarla e dirle subito dopo che aveva visto un carabiniere salire in casa Cereda.

Chissà come mai.

Come mai?

«Sapesse cos'è successo 'stanotte!» fu la risposta. E una volta alzato il coperchio…

26.

La Sciacca quando ci si metteva neanche il Padreterno la smuoveva. Non aveva nemmeno risposto al buongiorno di suo marito quella mattina. Niccolò però non c'entrava niente, non era stato lui a rovinarle i piani della festicciola. Quindi, uscito il marito, verso le dieci era uscita lei a fare un po' di spesa mentre il neo, per lei, avvocato dormiva ancora. Aveva l'intenzione poi, una volta tornata e coi dovuti modi, di avviare il discorso sul futuro del figlio: due parole con l'avvocato Spendace si poteva cominciare a farle e magari lasciarne cadere un altro paio accennando a quella Vincenza. Ma non aveva fatto i conti con ciò che tra le otto e le dieci era successo e che, ascoltando le chiacchiere, aveva appreso di negozio in negozio.

Il carabiniere alla porta di casa Cereda prima di tutto.

Il carabiniere che era entrato in casa della vedova e c'era rimasto per una decina di minuti.

Il carabiniere che era poi uscito in compagnia della Scionca e che s'era accompagnato a lei adattandosi al suo passo sbilenco.

La Scionca che dopo un quarto d'ora era ritornata con sottobraccio la Lirina, sì, proprio lei!, dopodiché erano salite in casa.

Poi, per un po' tutto era sembrato tornare alla normalità. Solo la sartoria era ancora chiusa.

Invece, verso le nove e mezza.

27.

Una volta sveglio, ancorché un po' intronato, al Damato era bastato prendere visione del disordine che regnava nella cucina per ricostruire i fatti della notte. Tra i tanti il carabiniere che si portava via la moglie. Sciacquata la faccia pesta, lisciati i capelli era uscito con l'intenzione di andare a riprendersela anziché al lavoro.

Sul portone della caserma l'aveva ricevuto il carabiniere Missili, avvisandolo che la moglie non era più lì. Ma il maresciallo, curioso di sapere chi avesse suonato, gli aveva chiesto di salire nel suo ufficio. Teneva due parole da dirgli.

Perché, aveva poi spiegato, occuparsi dei guai di famiglia non era competenza dell'Arma. L'aveva fatto sedere e così, tanto per rimarcare il discorso, gli aveva dato un paio di gnocchi sul cucuzzolo.

«Così ti entra meglio in testa il concetto», aveva spiegato.

Perché se, come aveva appena detto, le beghe di famiglia non erano affari suoi…

«L'aggressione, l'ubriachezza molesta, gli schiamazzi notturni invece sì.»

«Ma anche lei…» aveva cercato di obiettare il muratore.

Un terzo colpetto gli era calato sul cranio.

«Zitto», aveva detto il maresciallo. «Qui in caserma io parlo e gli altri ascoltano. Dicevo che per quelle altre cose si può anche finire in qualche bel guaio. Hai capito? Non parlare, fai solo sì con la testa.»

Il muratore aveva obbedito.

«Vedo che comprendi al volo», aveva sorriso il maresciallo.

Quindi, approfittando di tanta prontezza, gli aveva detto che se fosse capitata una cosa del genere anche una sola altra volta lui si sarebbe impegnato a fargliela pagare doppia.

«Chiaro, no?»

Il muratore aveva assentito.

«E adesso puoi andare.»

Ma il Damato non s'era mosso. Aveva alzato la mano.

«Che c'è?» aveva chiesto il maresciallo.

«Posso dire una cosa?»

«Sentiamo.»

«Se non è qui e nemmeno a casa, mia moglie dov'è?»

«E dove vuoi che sia? A casa di tua suocera!»

«Proprio lì!» era sbottato l'uomo.

«E tu dalle torto!» a sua volta il Benaccorti.

In ogni caso, aveva aggiunto, che si presentasse contrito e redento, pieno di buoni propositi e magari con un mazzo di fiori in mano.

Il muratore l'aveva guardato come se scherzasse.

Mai stato così serio invece.

«Fiori, scuse e promesse sono infallibili», aveva garantito il maresciallo.

28.

I fiori magari un'altra volta.

Per intanto scuse e promesse. E con quelle sulla punta della lingua il Damato si attaccò al campanello di casa Cereda, incurante del traffico che animava la contrada in quelle ore centrali della mattina. Senza immaginare che in casa Cereda c'era una sorta di coprifuoco.

L'ingresso di Lirina aveva paralizzato anche l'aria. Lo sguardo pietoso con cui Rita l'aveva guardata per evitare che se ne uscisse con qualche cattiveria aveva vieppiù irritato la vedova. S'era ritirata in camera per prepararsi a scendere in sartoria intenzionata a comportarsi «come se niente fosse», aveva detto.

E cioè come se quella figlia che non aveva fatto altro che gettare vergogna sulla casa non esistesse, non fosse lì.

«Tu e un manichino per me siete la stessa cosa.»

Rita aveva tentato di dire qualcosa ma la madre glielo aveva impedito.

«Tu l'hai portata qui, pensaci tu.»

Una volta in camera il campanello era squillato di nuovo. La Cereda s'era irrigidita. Due, tre squilli ancora. L'avrebbe capita Rita che lei non aveva alcuna intenzione di vedere chi fosse?

Era stata Lirina a sbirciare tra le ante delle persiane accostate e vedere il marito lì sotto. Il dito pronto a suonare per l'ennesima volta, gli occhi che guardavano in su.

«È lui», aveva mormorato guardando sua sorella Rita.

«Cosa vuoi fare?» aveva chiesto l'altra.

Le aveva risposto scuotendo il capo, il viso ancora stravolto.

«Digli di lasciarmi in pace.»

«Ma...» aveva soffiato la sorella.

«Mandalo via, per favore», l'aveva pregata.

Rita ci aveva pensato un momento, un occhio alla camera dalla quale sua madre non mostrava di voler uscire, un altro alla sorella che si stropicciava le mani.

«Tu intanto va' in camera nostra», aveva consigliato.

Quindi scese ad affrontare il muratore, ascoltare quello che aveva da dire.

Sul viso pesto dell'uomo non c'erano solo le tracce della notte appena passata ma i segni di un disordine più antico, quelli che aveva imparato a conoscere nei lunghi mesi in cui aveva assistito il Carretta. Lo sguardo soprattutto, frenetico mentre parlava, che sembrava cercare una direzione da seguire, un traguardo da raggiungere passo dopo passo. Ma si perdeva, sgranandosi: uno sguardo selvatico e al tempo stesso infelice, come da condannato.

Le parole che il muratore le disse furono infantili, le frasi spezzettate, banali, battute da filodrammatica. Buone intenzioni certamente, ma contrastavano con una realtà che si era sfasciata un mese dopo l'altro e non avrebbe potuto cambiare così d'un tratto.

«D'accordo», disse allora Rita.

Ma forse, aggiunse, era meglio lasciar passare un po' di tempo, dare modo agli animi di calmarsi.

«Portare un po' di pazienza», ribadì.

E magari rimettersi in riga, smetterla con quella vita disordinata nella quale aveva trascinato sua sorella, pur ammettendo che anche lei aveva le sue colpe.

Il Damato era arrossito sentendo quelle parole, la pura verità. Aveva inghiottito altre obiezioni poi aveva chiesto solo: «Mi aiuterai?» convinto che tutto si potesse risolvere nel giro di qualche giorno.

«Te lo prometto», disse Rita. Ma bisognava avere pazienza, insisté.

Rientrata in casa si trovò faccia a faccia con sua madre. Silenziosa, torva, scuoteva la testa.

«Scendo in sartoria», disse la Fulgenzi.

E meno male che almeno a Vincenza tutta quella vergogna era stata risparmiata.

29.

Avvoltoi, carogne!

Tornata dalla spesa Assunta Sciacca aveva l'impressione di essere il bersaglio di tutte le chiacchiere che aveva sentito circa la disavventura di casa Cereda. Nessuna meraviglia. Non c'era forse passata anche lei? Sebbene per motivi diversi non aveva patito per anni la sufficienza di certi sguardi, i giudizi, mandando giù un rospo dopo l'altro quando la trattavano come se elemosinasse, mostrandole una pelosa sopportazione? Non sapeva forse di essere stata oggetto per anni di dileggi, battute e chissà cos'altro? Ma se l'era cavata perché aveva obbedito a un solo comandamento, guardare in casa propria anziché ficcare il naso in quelle altrui; le erano bastati i suoi guai, di quelli degli altri non sapeva che farsene. E adesso, con in casa un figlio avvocato, l'Assunta si sentiva almeno una spanna sopra tutti coloro che, sottovoce, simulando pietà, stavano spettegolando sulla vedova Cereda e sulle sue disgrazie. Non c'era tempo da perdere, rifletté tra sé, quello era il momento di rispondere alle chiacchiere coi fatti.

Perché niente doveva mettersi di mezzo tra loro due.

Quindi, decise, quello stesso pomeriggio sarebbe passata in sartoria giusto per un salutino e dimostrare quale fosse il peso che dava a chiacchiere e pettegolezzi. Una volta portata a termine la sua missione, quella stessa sera diede in famiglia una notizia che fece sbalordire marito e figlio.

Davvero?, chiesero entrambi.

«Ue' picciotti», rispose lei, «credo di essermelo ben guadagnato il diritto a un po' di divertimento.»

Niccolò, sempre sorridendo, disse che, sì, il diritto a passare una domenica fuori porta se l'era proprio guadagnato.

E se lo diceva l'avvocato, che di diritti e doveri se ne intendeva...

30.

Un pacchettino con qualche cucchiteddu di Sciacca e qualche muccunettu. Così s'era presentata la Sciacca verso metà pomeriggio nella sartoria.

«Ho pensato che li avreste graditi», aveva detto alla Cereda che aveva guardato prima lei e poi il pacchetto.

Prima lei, perché temeva di leggerle in viso il motivo per cui era lì. Di più, che la volesse consolare con una solidarietà di cui non avvertiva il bisogno. Ma la Sciacca allungandole il pacchetto se n'era uscita con quella frase. Che sapesse, era fuor di dubbio. Ma con quel gesto voleva dimostrarle che per lei ciò che era successo non contava, non interferiva con le possibilità ancora segrete, nascoste tra le pieghe del futuro. Aveva tentato di dire qualcosa in risposta, ma la siciliana aveva ripreso a parlare rigettandola per un momento nel dubbio.

«Mi dispiace.»

Sì, proprio, le dispiaceva per com'era andata il giorno prima, la festicciola, tutti quegli uomini che avevano invaso la sua casa senza che lei ne sapesse niente, rovinando l'intimità...

«Tante volte penso che staremmo meglio senza.»

A lei lo diceva?, aveva pensato la Cereda.

«Sì, lo credo anch'io», aveva sorriso.

Ma non se ne doveva preoccupare, le aveva fatto comunque piacere passare una domenica diversa dalle altre.

«E, a proposito...» aveva proseguito la vedova.

Il pensiero che aveva lasciato in sospeso la sera prima

le era tornato in mente con prepotenza: restituire alla siciliana la cortesia dell'invito alla festicciola così da mantenere il contatto. Ma senza rinunciare a un tocco di classe, questione di dignità.

«Sì?» aveva chiesto la Sciacca.

Prima di parlare la Cereda aveva chiuso gli occhi. Un istante solo, per rivedere la collezione di carabattole della Sciacca a fronte di quello che stava per dire. Non l'aveva fatto per cattiveria, superbia. Piuttosto perché la sua vita avrebbe dovuto essere così, colori, profumi, bellezza, armonia, una bella stagione senza soluzione di continuità invece di dover fare i conti con il veleno quotidiano dell'amarezza e del rimpianto.

«Se facessimo un giro noi due sole e ci andassimo a vedere la fioritura delle azalee a villa Carlotta?»

Assunta Sciacca aveva aggrottato la fronte.

Villa Carlotta manco sapeva dove fosse. Le azalee sì, le conosceva, ma non avevano mai riempito lo stomaco di nessuno, fiorite o meno. Prima però, quando in casa non aveva ancora un figlio avvocato. Adesso le cose erano cambiate.

«Qualcuno ce lo può impedire?» aveva detto in risposta.

31.

Qualcuno gli poteva impedire di licenziarlo?

«Se lo sai, dimmi chi?»

A parlare fu Sebastiano Albenghi, proprietario dell'impresa edile nella quale Loreto Damato lavorava. Tra la dozzina di dipendenti che aveva sul libro paga, lui era quello che gli aveva creato più grattacapi con assenze immotivate, sparizioni improvvise dal luogo di lavoro, litigi anche, a volte con gli stessi colleghi. Più volte all'Albenghi era venuta la tentazione di dargli un calcio in culo e liberarsene, solo il pensiero che aveva una moglie a carico l'aveva trattenuto, sapendo che così l'avrebbe messo nei guai. L'aveva anche avvisato più di una volta di darsi una regolata, che la sua pazienza aveva un limite, non doveva approfittarne. Quello era il risultato. Adesso, quindi, basta!

A parte l'aver perso l'ennesima giornata di lavoro con la scusa di non sentirsi bene, c'era tutto quello che era successo nella notte tra domenica e lunedì a renderlo particolarmente nervoso. Un'impresa come la sua, onesta e puntuale com'era sempre stata, finita sulla bocca di tutti per l'incresciosa scenata che aveva fatto correre i carabinieri! Era la goccia che aveva fatto traboccare il vaso, una macchia che non riusciva a digerire.

«Quante volte ti ho detto di mettere la testa a posto?» chiese l'Albenghi.

Senza, aggiunse, che lui avesse dimostrato di averne la volontà. Ecco, adesso era arrivato il momento in cui forse l'avrebbe capita: perché da licenziato quale si doveva ritenere da quel momento in avanti avrebbe avuto a disposizione tutto il tempo necessario per riflettere.

A quel punto al Damato era sfuggito un: «No», al quale l'Albenghi aveva risposto.

Qualcuno forse glielo poteva impedire?

Il silenzio era calato tra i due.

L'Albenghi, per dissimulare un certo dispiacere che quella decisione gli stava costando, si accese un toscano. Poi, fatti due tiri, cedendo a una vocina interiore che gli stava dicendo di dare un'ultima possibilità a quel giovanotto, riprese la parola.

«A meno che...»

«A meno che?» fece il muratore.

L'Albenghi poggiò il toscano, picchiettò per un po' le dita sul tavolo del suo ufficio.

«Ascoltami bene», aveva ripreso l'imprenditore.

Da poco erano partiti i lavori per la costruzione della diga del Punt del Gall allo scopo di allargare il lago di Livigno e...

Il Damato aveva fatto per dire qualcosa.

«Lasciami parlare», disse l'Albenghi.

Per metà era sotto la sovranità svizzera, per l'altra metà italiana. E appunto da parte italiana c'era richiesta di mano d'opera, contratti a tempo, minimo tre mesi.

«Quindi?» fece il muratore.

«Quindi potrei raccomandarti a qualcuno che conosco per essere assunto», spiegò l'Albenghi.

Ci andava, respirava un po' d'aria di montagna, si rinfrescava le idee e soprattutto non si faceva vedere in paese...

«Cominciamo con un mesetto tanto per farsi dimenticare, poi vedremo», concluse l'Albenghi.

«Vedremo cosa?» chiese il muratore.

«Vedremo. Prendere o lasciare.»

32.

Fu il padrone di casa a dare la stura a un tormentone di battute che accompagnò le sere in casa Camminatore fino al giorno della memorabile gita a Cadenabbia. Giovedì sera, appena rientrato e vedendo la moglie le chiese cosa s'era fatta alla testa.

«I capiddi», rispose lei.

«U viriu.»

Ma, aggiunse, pareva che l'avessero abbassata di qualche centimetro e dotata di una specie di grondaia per raccogliere l'acqua piovana.

«Si chiama caschetto medio arricciato all'insù», rispose lei sorvolando sull'ironia e specificando per bene il tipo di pettinatura che s'era fatta fare.

Aveva cominciato a pensarci lunedì sospettando che anche la Cereda si sarebbe messa in ghingheri. Martedì, nel pomeriggio, era uscita per una prima missione esplorativa. Non aveva intenzione di dire niente a nessuno e la fortuna l'aveva assistita. L'avvocato Spendace aveva fatto sapere che se Niccolò voleva andare nel suo studio per fare quattro chiacchiere e ragionare sul futuro lui era disponibile e lei aveva potuto agire con tutto comodo. Era rimasta fuori un'oretta, mica di più, passando e ripassando davanti al negozio Ricci e capricci di Levanzia Prinivelli, coiffeuse, come diceva l'insegna. Durante uno di quei passaggi aveva incrociato la coiffeuse sulla porta che si stava fumando una sigaretta e aveva osato la domanda.

«Mi posso fare i capelli?»

Quella l'aveva guardata come se la stesse prendendo in giro. Le sembrava forse una macelleria l'ingresso che stava presidiando? Aveva ricacciato l'ironia, con la rella che c'era in giro...

«Anche subito», aveva risposto.

«No, subito no», aveva reagito la Sciacca. Non si sentiva ancora pronta per entrare, la prima volta nella vita, nel salone di una parrucchiera e poi era uscita senza soldi.

«Domani?» aveva chiesto la coiffeuse.

«Giovedì», aveva risposto lei.

E nel pomeriggio quando, sola soletta in casa, col marito al lavoro e il figlio nello studio dello Spendace, nessuno le avrebbe chiesto dove se ne andava.

La coiffeuse le aveva mostrato una decina di fotografie con altrettanti tagli, chiedendole di scegliere quello che preferiva. Ma cosa ne sapeva lei che i capelli se li era sempre arrangiati da sola!

Alla fine, confusa, la Sciacca s'era affidata alla Prinivelli e giovedì sera, dopo la divertita meraviglia del marito, s'era dovuta beccare anche quella del figlio. Difficile tenere testa a quei due quando si alleavano. Ma aveva deciso di rispondere ai lazzi sorridendo: il loro era un modo di scherzare sotto il quale c'era tenerezza. Lo fece anche quando Niccolò le chiese se avesse pensato di portarsi appresso un salvagente poiché, fosse affondato il battello, ne avrebbe avuto bisogno visto che non sapeva nuotare.

«Ridi, ridi...» aveva ribattuto.

«Chi a mia mi ririnu», aveva concluso il marito.

«Sarebbe a dire?» aveva chiesto Niccolò.

E il marito allora le aveva schiacciato l'occhio.

«Assù, mi sa che non sta scritto su qualcuno dei suoi codici.»

«Si vede che l'avvocato ha ancora qualcosa da imparare», aveva risposto Assunta ridendo a sua volta.

33.

Il muratore non aveva né preso né lasciato.

«Ci devo pensare.»

«Hai tutto il tempo che ti serve», aveva risposto l'Albenghi. Tanto non faceva più parte della sua ditta, almeno per il momento.

Era uscito dall'ufficio convinto che riflettendoci un po' un'alternativa alla proposta dell'Albenghi l'avrebbe trovata. Certo, doveva cambiare l'andazzo. In fondo cosa ci voleva? Cominciare a bere solo e soltanto gazzosa, come gli aveva raccomandato il maresciallo, e dimostrare la volontà di voltare pagina. Magari anche cambiare lavoro, trovare qualcuno che gli desse una mano in quel senso, soluzione che gli era sembrata semplice, visto che in paese il cotonificio continuava ad assumere. Avrebbe accettato qualunque incarico, anche fare le pulizie dei cessi. Ma bisognava che qualcuno lo appoggiasse. E se in paese c'era qualcuno che poteva dargli una spinta, quello era il prevosto.

Lo sapevano anche i sassi che metà delle assunzioni portavano il timbro della canonica. Doveva però trovare il coraggio di chiederglielo, cosa non così facile poiché l'ultima volta che s'erano visti era stata il giorno del matrimonio, dopodiché altre erano state le chiese che aveva preferito frequentare.

Ma non era stato neanche così difficile. Quel coraggio lo aspettava nel silenzio che l'aveva accolto in casa dopo il colloquio con l'Albenghi, silenzio dentro il quale non aveva potuto sfuggire ai ricordi di tutto ciò che era successo negli anni passati di cui la follia del fine settimana appena trascorso era solo l'atto finale. Con una chiara visione delle cose, come da tempo non gli capitava di avere, aveva sentito la vergogna di sé e dell'aver trascinato anche sua moglie in tanta depravazione. Com'era potuto succedere? Era una risposta che non era riuscito a darsi o perlomeno non era così semplice da trovare poiché le cose si erano deteriorate piano piano durante giorni, settimane, mesi sempre uguali che l'avevano portato a uno stato di insofferenza per una vita che aveva immaginato ben diversa. E sua moglie in quel percorso lastricato di errori e menefreghismo a un certo punto l'aveva seguito. Si era trovato sul fondo senza quasi accorgersene. E adesso non aveva che il silenzio della casa, il buio della sera, la notte che di lì a poco sarebbe calata, il sonno che si sarebbe rifiutato di dargli un po' di pace per continuare a chiedersi come, perché. Ma ormai era fatta e toccava a lui rimediare. Ci voleva coraggio e un po' di cenere in testa.

34.

Se si infilava in un'indagine, Spinetta Buboli voleva arrivare fino in fondo. In altre parole, se ficcava il naso in un affare d'altri faticava a tirarlo fuori. In quel caso specifico poi si sentiva pienamente giustificata a spiare e ascoltare. Con un vicino di casa come il Damato, matto come un cavallo, violento e ubriacone, non si sapeva mai. Meglio stare all'erta, scrutare, occhieggiare, orecchiare. In fin dei conti era stata lei a chiamare i carabinieri e il muratore, quando era sotto sferza, non capiva più niente.

«Farei così anch'io», le disse un paio di giorni dopo Luisago Ornella. L'aveva aspettata sulla soglia del suo negozio, di ritorno dall'uscita per l'acquisto del pane.

«Come va?»

Mica c'era bisogno di specificare cosa intendesse.

«Ma...» aveva risposto la Buboli.

In casa del Damato perlopiù silenzio. Lui, a meno che le fosse sfuggito, cosa peraltro difficile, era rintanato lì dentro.

«Quindi, sua moglie...»

La Buboli assentì, confermando che la Lirina era ancora nascosta in casa di sua madre. Proprio nascosta, perché nessuno l'aveva vista in giro.

«Certo che è una bella vergogna», aveva commentato la Luisago.

«E», aveva poi aggiunto, «lei, la signora delle camelie?»

Alla Buboli era scappato un mezzo sorriso, non aveva avuto bisogno di chiedere a chi si riferisse.

«Finge di niente e sta nella sua sartoria», aveva risposto.

«Sua...» aveva lasciato in sospeso la Luisago.

La Spinetta aveva atteso, e sperato, che la Luisago le raccontasse cos'era successo davvero dopo la morte del Carretta. Qualche mezza voce l'aveva raccolta ma la verità la sapeva solo l'ex presidentessa della San Vincenzo. Tuttavia quella non aveva voluto andare oltre, per non dover raccontare di come si era fatta prendere per il naso.

«Be', sarà meglio andare», aveva detto allora Spinetta Buboli.

E aveva fatto bene perché salendo verso casa aveva incrociato il Damato, che nemmeno s'era degnato di salutarla. Non le era sfuggito tuttavia che aveva addosso il vestito della festa e odorava di sapone. Ovvio, aveva pensato, andava a riprendersi la moglie, con tanto di *Confiteor* a fior di labbra.

Ma non era servito a niente, aveva concluso, visto che un'ora dopo era di ritorno solo com'era uscito, la giacca sbottonata e una mano tra i capelli come volesse eliminare l'immaginaria cenere che s'era sparso sul capo.

Non c'era stato niente da fare per il muratore, benché il prevosto l'avesse ascoltato con pazienza e infine detto che comprendeva le sue intenzioni.

«Tuttavia credo che sia opportuno dimostrarle nella pratica», aveva concluso il reverendo.

Anche a lui, da tempo, erano giunte voci della grama vita che i due menavano e il pandemonio del fine settimana appena passato era stato una prevedibile conclusione. Non voleva negargli la possibilità di riabilitarsi come uomo e come marito, né mancare di aiutarlo a trovare un posto di lavoro, ma in quel momento allontanarsi sia dal paese sia dalla moglie gli pareva la miglior soluzione per dare a entrambi il tempo di meditare sul passato e prepararsi a un futuro diverso. In sostanza gli consigliava di accettare l'offerta dell'Albenghi, che conosceva come persona di cuore e non avrebbe sollevato obiezioni nel riprenderselo una volta che gli avesse dimostrato di essere cambiato. In quanto a sua moglie, se adesso non lo voleva vedere era comprensibile, ma era certo che non si sarebbe rifiutata di concedergli una possibilità per riprendere una vita in comune regolata dall'affetto e dal rispetto reciproco.

«I buoni propositi devono essere praticati e se ti serve aiuto confida in nostro Signore», l'aveva congedato il prevosto.

35.

La vedova Cereda invece aveva confidato nel fatto che la permanenza in casa della prima figlia si limitasse a un paio di giorni, massimo tre. Tant'è che la sera di mercoledì, trovandosela ancora sotto gli occhi, seduta a tavola per la cena, le aveva detto: «Ti sei dimenticata di avere una casa?».

La durezza di quell'uscita aveva provocato uno scatto da parte di Rita che aveva lasciato cadere il cucchiaio. Ma era stata Vincenza a parlare in difesa della sorella. Mica avevano potuto tenerla all'oscuro di ciò che era successo.

Era stata la stessa Lirina, lunedì sera, quando s'erano ritrovate tutte e tre nella stanza che le aveva ospitate per lunghi anni, a raccontare a entrambe, senza tralasciare niente, lo squallore che nel giro di pochi anni aveva preso possesso della sua vita. Non era riuscita a trattenere le lacrime quando aveva detto che il disprezzo che la loro madre le aveva riservato per quel matrimonio l'aveva incattivita, al punto che dopo i primi mesi, quando il marito aveva cominciato a comportarsi come se lei fosse una serva e non sua moglie, aveva deciso di rendergli pan per focaccia. Aveva passato intere giornate a macerarsi nel dispiacere per il passo forse un po' avventato, visto che nel giro di due mesi s'era sposata. Ma a renderle ancora più amaro ogni minuto delle sue inutili giornate era il pensiero di non poter tornare indietro. Nemmeno lei sapeva spiegarsi come avesse potuto cadere così in basso.

Era stato un procedere lento e inarrestabile, la sua vita lasciata andare senza alcun controllo, con l'effimera beatitudine dell'ebbrezza a farle dimenticare per un po' quello che aveva sognato, le illusioni che l'avevano accompagnata all'altare. Adesso il solo pensiero di dover tornare in quella casa le riusciva insopportabile al punto che avrebbe preferito gettarsi nel lago oppure incontrare le rocce dell'Orrido. In quelle parole, sia Rita sia Vincenza avevano visto l'angoscia della sorella, ma nei tratti del viso avevano ritrovato la Lirina di un tempo, determinata come quando aveva deciso di sposare Loreto Damato senza dare retta a chi le aveva consigliato di pensarci ancora un po'. Le avevano detto di stare tranquilla, loro due erano lì per aiutarla.

Come fece Vincenza quella sera dopo l'uscita di sua madre.

«Così come stanno le cose non è possibile», disse.

«Le cose stanno che ha un marito che lei si è scelta», rispose seccamente la vedova Cereda.

«Ma dalle almeno un po' di tempo», ribatté Vincenza pensando che così avrebbe detto la sua amica Selene.

La piccolina stava tirando fuori le unghie!, rifletté sua madre.

«Fino a domenica», concluse.

La domenica della gita.

36.

Non son degno di te
non ti merito più…

La Cuchina aveva sperato che per benedire quella splendida domenica di maggio il Sofia mettesse una bella roba allegra grazie alla quale potesse sbattere un po' tutta la ciccia che le stava davanti e dietro. Invece:

…al mondo, no, non esiste nessuno
che non ha sbagliato una volta.
E va bene così, me ne vado da te…

«Ma vadavialcù, Sofia», commentò la Cuchina.

«Va' che così gli fai solo un piacere», le fece notare il figlio.

«Prima o poi lo compriamo anche noi un giradischi così poi facciamo la gara», promise la Cuchina.

«Sì, con un bell'assegno a vuoto!» scherzò il figlio.

«Porta rispetto per tuo padre», l'ammonì la donna, ma poco convinta.

«Padre nostro che stai in galera…» canterellò il ragazzo.

La Cuchina non poté trattenere una mezza risata.

Ma quando la sera tu resterai sola, stava ancora cantando Gianni Morandi, *ricorda qualcuno che amava te.*

Pareva che la stesse cantando per lui, pensò il Damato uscendo da casa.

L'occhio della Buboli filò alla finestra dopo aver sentito tric e trac, la porta aprirsi e chiudersi. Alè, pensò, nuovo tentativo per andare a riprendersi la moglie.

Quando suonò al campanello di casa Cereda, la vedova si stava facendo pettinare da Vincenza in previsione della gita pomeridiana.

Lirina, dopo aver rifatto i letti nella camera che aveva diviso con Rita, s'era seduta, pensava all'ultimatum, ormai agli sgoccioli. Fu Rita a guardare di sotto e poi a girarsi verso la madre, impettita e silenziosa, mentre Vincenza continuava a spazzolare.

«È lui?» chiese la vedova.

Bastò il silenzio di Rita a confermarlo.

«Bene», fece lei.

Che andasse di sotto e gli dicesse di aspettare lì, giusto il tempo di avvisare Lirina che s'era fatta l'ora di sloggiare, tornare a casa sua. Poi, mentre Rita scendeva, chiamò la prima figlia.

Lirina aveva intuito ciò che stava per accadere. Alla prospettiva di ciò che l'attendeva s'era sentita pervadere dal panico. Aveva ancora negli occhi il viso stravolto di suo marito, la maschera con cui l'aveva insultata ma non solo. Vedeva pure sé stessa ridotta in quello stato bestiale, portata in caserma, temeva che l'aria malsana che da troppo tempo stagnava in quella casa l'avrebbe ben presto risucchiata. Si sentiva pronta solo per una cosa: chiedere a sua madre di tenerla con sé ancora per un po' di tempo, avrebbe pianto, l'avrebbe scongiurata, le si sarebbe gettata alle ginocchia. Le sue sorelle l'avrebbero aiutata, ne era certa. Tuttavia quando uscì dalla camera per affrontare la madre, comprese dal suo volto che non ce ne sarebbe stato bisogno.

Rita era scesa e risalita al volo, per quel che poteva, per riferire ciò che il muratore le aveva detto: aveva accettato l'offerta dell'Albenghi, l'indomani mattina sarebbe partito per un posto lontano, ai confini con la Svizzera e per un po' di tempo non avrebbe fatto ritorno in paese. Capiva che sua moglie per il momento non aveva alcuna voglia di vederlo, non aveva niente in contrario, non insisteva nemmeno per darle un saluto. Ma voleva che sapesse che era ben deciso a cambiare: questo era ciò che Rita disse al resto della famiglia.

Alle parole di Rita seguì un silenzio che sembrò dovesse perdurare all'infinito. Lo interruppe la vedova.

«Continua a spazzolare», disse a Vincenza.

«Niente da fare», commentò tra sé la Buboli vedendolo rientrare solo com'era uscito. La stessa frase che avrebbe usato con la Luisago la mattina seguente tanto per istigarne la curiosità, spingerla a chiederle cosa intendesse e poi raccontare.

Il Sofia intanto era al terzo giro della stessa canzone, una bella menata secondo la Cuchina, tant'è che aveva chiuso la finestra nel momento in cui quello cantava che sui monti di pietra poteva nascere un fiore eccetera eccetera, e per finire con amor, amor, amor. E però quella parola le era rimasta nelle orecchie. Bella storia l'amore, ci aveva creduto pure lei quand'era giovane, magra e anche bella.

«Bella storia, tutte balle», disse ad alta voce.

«Cos'hai detto?» chiese il figlio.

«Niente», rispose.

37.

Quella Vincenza era proprio bella, lasciarla in pasto a qualche beccafico sarebbe stato un peccato. Più volte gli era tornata in mente e con più insistenza quella domenica, con un certo languore allo stomaco che Niccolò comprese non essere solo fame. Ancora a letto faceva piani di cui non voleva rendere conto a nessuno. Andare a vedere, senza impegnarsi, costava niente.

L'Assunta era elettrica, aveva dormito poco e male al pensiero della gita e con la preoccupazione che la pettinatura si rovinasse o che qualche odore di cucina le restasse addosso. Così ben prima di mezzogiorno aveva comunicato che per quella domenica si sarebbero dovuti accontentare di una pasta in bianco.

«Meglio stare leggeri con la traversata in vista», era stato l'allegro commento di suo marito, l'unico che non aveva in previsione niente di diverso da ciò che faceva tutte le domeniche pomeriggio.

Alle parole dell'uomo però la Sciacca non aveva ribattuto con qualche facezia, magari in dialetto, come spesso capitava. Segno che ciò che l'aspettava le dava qualche pensiero. Temeva il confronto con quella donna così bella e austera, anche più alta di lei, e che il sentimento di inadeguatezza che per anni aveva patito, letto negli occhi di molti, potesse ritornare e condizionarla al punto di desiderare che le ore del pomeriggio passassero il più rapide possibile, trasformando la gita in una pena anziché in un momento di riscatto.

Fu addirittura sul punto di rinunciare e tornarsene a casa quando, benché mancasse un quarto d'ora alla partenza del battello, la Cereda ancora non s'era fatta viva, mentre il battellotto, chiuso nel suo gabbiotto, le lanciava di tanto in tanto degli sguardi curiosi. Per la pettinatura forse? O forse perché se ne stava lì come se fosse in prestito, con la borsetta tenuta stretta sullo stomaco? O magari per il solo fatto che era lei e basta, Sciacca Assunta che per anni aveva tirato la cinghia per avere un figlio avvocato, fatto che però, in quel momento, sembrava non contare?

Bastò un niente a farle cambiare stato d'animo. La vedova Cereda giunse quando mancavano cinque minuti alla partenza del battello. Giusto il tempo di fare i biglietti, dopodiché la prese sottobraccio.

«Allontaniamoci da questo paese», le disse, «almeno per un po'.»

L'Assunta chiuse gli occhi un istante per godere un'improvvisa fantasia: non erano loro due a tenersi a braccetto, ma la bella Vincenza e il promettente avvocato.

38.

Il pomeriggio della domenica il bar Roma presentava sempre lo stesso ambiente, saturo di fumo nazionale tranne qualche privilegiato che fumava sigarette di contrabbando, e rumoroso. Un concerto cui prendevano parte la radio che alle tre spaccate veniva sintonizzata su *Tutto il calcio minuto per minuto,* le voci dei giocatori di biliardo, boccette o di quelli che giocavano a scopa e che a ogni finale di partita si levavano a contestare questa o quella carta mal giocata.

Donne, alla domenica pomeriggio, ben poche. Una sola anzi. La sciora Casetti, moglie del gestore, che stava al banco dei tabacchi e tutti chiamavano così, ben pochi conoscendone il nome.

Una riserva per soli maschi che anche Rosvaldo Camminatore aveva adottato per passarci i pomeriggi domenicali giocando a carte con i suoi due amici più un terzo che poteva cambiare di volta in volta, un orecchio alla radio per seguire le imprese del Catania.

Quella domenica era stato l'agente scelto Pizzuti a completare il tavolo. Il Santomare l'aveva invitato a pranzo e poi se l'era tirato dietro.

39.

Durante il primo mese di servizio alla stazione di Lecco, l'agente scelto Calogero Pizzuti aveva impiegato gran parte del tempo libero alla ricerca di un posticino tutto per sé.

Dopo una vita passata in camerate, poiché tale riteneva anche quella dove aveva dormito con i suoi quattro fratelli, lo considerava un suo diritto. Mica voleva un appartamento, non aveva nemmeno i soldi per permetterselo. Una pensioncina che non costasse troppo. O meglio ancora la stanzetta singola che aveva scovato grazie alla soffiata di suo cugino, il Santomare. Era al piano terra di un edificio di tre piani, ultima di una serie di quattro locali, una cucina, una camera, un piccolo disimpegno. Il bagno, comune, chiudeva il corridoio.

La proprietaria, Lisca Maria, zitella, affittava senza troppe storie, niente contratti, pagamento sull'unghia e via. Ma selezionava gli ospiti con un criterio legato alla scolarità: accettava insegnanti, tecnici, ingegneri o geometri di passaggio a Lecco per le più varie ragioni, anche maestre elementari. Niente di meno.

«Se ti presenti in divisa, vedrai che non farà una piega», aveva suggerito il Santomare.

Così era stato. Anzi, per ingraziarselo, la Lisca gli aveva detto che, senza sborsare una lira di più, qualora ne avesse avuta necessità, gli avrebbe fornito anche il pranzo o la cena.

«Tanto, cucinare per uno o per due...»

«La ringrazio ma non si preoccupi, non le darò fastidi», aveva risposto il giovane.

Di nessun genere, aveva poi aggiunto schiacciando l'occhio.

«Questa è una casa dove ciascuno si fa gli affari propri», aveva risposto la Lisca. Sia il professore e la moglie che abitavano al primo piano, aveva specificato, sia i Verati, al secondo, padre ragioniere, moglie, una figlia che studiava per diventare maestra, un figlio più grande, che lavorava in trafila.

«Almeno così mi sembra», aveva concluso la Lisca.

Altro da dire non c'era stato.

40.

«Qui si tifa Catania eh», salutò scherzando il Camminatore.

«E Juve», completò il Santomare.

«Per me...» rispose il Pizzuti sorridendo.

Il La Fiorita stava già distribuendo le carte.

«Mi sa che a lui interessa di più un'altra cosa», osservò.

Calogero sorrise di nuovo raccogliendo le sue.

«In effetti...» disse.

E, a proposito.

«Qualche giorno fa ho incontrato quella bellezza che era in casa tua», fece rivolgendosi al Camminatore col quale era in coppia.

«Davvero?» chiese Rosvaldo mentre spulciava le carte.

«E chi se la dimentica una così», rispose il Pizzuti. «A momenti ci sbatto addosso.»

«Giù le mani», lo canzonò il Santomare.

«Guardare e non toccare...» si aggiunse il La Fiorita.

«Lecco è piena di belle femmine...» disse il Camminatore.

«Me ne sono accorto, ma quella era proprio lei», insisté Calogero.

Era successo mercoledì...

«Mercoledì? Ti sei messo ad andare in biblioteca?» lo interruppe Rosvaldo.

«Biblioteca?» interloquì Calogero.

Che c'entrava la biblioteca. Stava uscendo da casa, dal locale che aveva preso in affitto per andare al lavoro, lui usciva, lei entrava e a momenti come aveva detto ci sbatteva contro. L'aveva salutata, buongiorno! E lei aveva fatto due occhi così.

«Perché sei bello», scherzò il Santomare.

«Sì, bello», ribatté il Pizzuti.

Piuttosto perché stava in divisa e non l'aveva riconosciuto. Dopo, quando s'era tolto il cappello e le aveva ricordato la festicciola della domenica, allora sì. Ma aveva fretta, doveva salire dal professore per fare lezione, di matematica, gli pareva che avesse detto.

«Tiene gli esami fra un po'», disse il Camminatore.

«Scopa», annunciò il Pizzuti calando il re di coppe.

Nello stesso tempo scoppiò un coro di giubilo, qualcuno aveva segnato, il Milan, l'Inter o la Juve, va' a saperlo.

41.

No, non era lui.

Erano le due e mezza quando il campanello di casa Cereda era squillato e Lirina era entrata in allarme. Ci stava tutta, eccome!, che quella testa sbilenca di suo marito avesse cambiato idea e magari, dopo aver visitato le sue solite chiese, fosse tornato ma con ben altre intenzioni.

Invece era: «Quel giovanotto», disse Rita.

Quello dei pantaloni.

Che voleva invitare Vincenza a fare due passi, se gradiva, vista la bella giornata.

Dopo la partenza della madre le tre sorelle erano rimaste quasi mute. Vincenza a studiacchiare un po' mentre Rita rigovernava, Lirina invece in camera, sdraiata sul letto a ripensare a ciò che suo marito le aveva mandato a dire e ben decisa a non credergli, troppe gliene aveva fatte passare. Lo squillo del campanello l'aveva riportata alla realtà e la frase che Rita aveva usato per definire colui che aveva suonato, «Quello dei pantaloni», le aveva strappato anche un mezzo sorriso, solleticato la curiosità.

«Sarebbe a dire?» aveva chiesto.

«Poi ti spiego», aveva risposto Rita.

A Vincenza quello dei pantaloni era sembrato un po' noioso, almeno secondo l'impressione che ne aveva riportato la domenica precedente. Tutto quel parlare solo di sé... Certo, giudicare dopo una sola volta era difficile e poi tutto il contorno non aveva aiutato. Infine, si era chiesta Vincenza, andarci a fare due passi poteva essere peggio che stare per l'ennesima domenica in quel mortorio di casa ad aspettare che venisse lunedì?

Il tempo di controllarsi allo specchio e darsi una pettinata e: «Digli che arrivo, per favore», chiese a Rita.

Il giorno dopo, alla classica domanda della sua amica avrebbe potuto rispondere che era uscita con uno e nel caso glielo avrebbe anche descritto non così impacchettato come le era sembrato.

Niccolò Camminatore sorrise tra sé, aveva un programma ben preciso in testa per il pomeriggio. Il primo punto ovviamente che la ragazza accettasse l'invito, ed era andata. Poi una passeggiata, chiacchiere, avrebbe pensato lui a tenere viva la conversazione, e infine un bel gelato.

Proprio come fecero la Sciacca e la Fulgenzi un po' stanche dopo aver visitato i giardini di villa Carlotta.

Ci voleva proprio un bel gelato per chiudere in gloria quella domenica fuori ordinanza.

42.

Una volta uscita Vincenza, Lirina aveva abbandonato la camera da letto ed era andata in cucina.

Rita aveva finito di sistemare e come suo solito aveva preso un libro per occupare il tempo. Ma di leggere quella domenica non le era riuscito perché la sorella aveva voluto esporle la sua preoccupazione. Se la loro madre avesse insistito nella decisione di rimandarla a casa, come avrebbe campato visto che non aveva un lavoro?

«Posso impegnarmi a trovare qualcosa da fare, anche la serva se sarà il caso», aveva detto.

Ma fino a che non avesse trovato... Il che significava fino a che lei e il marito non fossero più stati argomento di chiacchiera.

Rita l'aveva ascoltata poi, capendo dove voleva andare a parare, l'aveva fermata.

«Vedrai che la mamma capirà», aveva assicurato.

Sì, ma chi si sarebbe preso l'impegno di convincerla a tornare sulla sua decisione?

Rita aveva ancora il libro tra le mani, l'aveva chiuso e posato sul tavolo.

«Non preoccuparti», aveva risposto.

«Sono preoccupata invece», aveva ribadito la sorella.

E non era solo la condizione attuale a darle pensiero, quello che poteva succedere il giorno dopo e quello dopo ancora. Era il futuro piuttosto, gli anni che aveva davanti la spaventavano quando ci pensava, quando la fantasia le presentava la squallida casa dove aveva abitato con suo marito. Il solo pensiero di riprendere quella vita, glielo aveva già detto...

«Fermati», l'aveva interrotta Rita.

Non voleva più sentir parlare di gettarsi nel lago o di abbracciare le rocce dell'Orrido.

«Bisogna concedere anche a lui la possibilità di darsi una regolata.»

Aveva promesso, no?

«Non mi fido», aveva ribattuto Lirina.

Rita non aveva saputo cos'altro dire, conosceva la cocciutaggine di sua sorella, la stessa che l'aveva sostenuta nel volersi sposare quando anche lei le aveva detto di aspettare un po', era troppo giovane, avrebbe dovuto rifletterci...

«Per intanto pensiamo al presente», aveva detto.

Poi si sarebbe visto.

Lirina aveva taciuto. Poi, con uno dei suoi soliti, improvvisi cambi d'umore, s'era avvicinata alla sorella, voce bassa, da cospiratrice.

«Chi è quello dei pantaloni?»

43.

L'aveva visto, raccontò Spinetta Buboli alla Luisago lunedì mattina. Anzi, prima sentito, cinque e mezza. Era già sveglia, come sempre, ancora a letto ad aspettare che facesse chiaro. Ma siccome aveva sentito rumori e poi il tric trac della porta che si apriva e chiudeva era andata a guardare e aveva visto il muratore che usciva da casa con una sacca sulle spalle per andare...

«Chi lo sa», si rispose.

Sta di fatto che dopo non era successo niente. Cioè, la moglie non era tornata. Ergo, stava ancora in casa della signora delle camelie.

«Chissà che allegria!» commentò Luisago Ornella.

Avrebbe pagato pur di essere una mosca e farsi un giro dentro casa Cereda. Così ne sarebbe uscita non del tutto soddisfatta poiché l'aria che vi si respirava non era così pesante come immaginava dopo il resoconto della Buboli. Merito indubbio del Camminatore junior che dopo aver passeggiato, sostato sulle panchine del lungolago, chiacchierato, quanto aveva chiacchierato!, offerto il gelato a Vincenza, s'era quasi meravigliato di come il pomeriggio fosse volato e alle sei e un quarto aveva fatto una proposta alla ragazza.

Perché non andavano al molo ad aspettare le rispettive madri visto che sarebbero state di ritorno alle sei e trenta?

Vincenza aveva esitato solo un istante, incerta sull'opportunità della mossa. Un'incertezza che si era dissolta in un amen quando le due donne li avevano visti ed erano andate loro incontro con un sorriso di meraviglia.

«Quando il gatto non c'è, i topi ballano», era sfuggito all'Assunta.

La Fulgenzi le aveva risposto con una risata.

«Avete passato un bel pomeriggio?» aveva chiesto il giovanotto.

«E voi?» aveva rimandato la Fulgenzi.

Poi, salutata l'Assunta e il figlio, s'era presa sottobraccio Vincenza e s'era avviata verso casa, ripetendo la domanda.

Avevano passato un bel pomeriggio?

S'era divertita?

«Raccontami», aveva insistito rallentando il passo, felice di tenere ancora un po' lontano il suo respiro dall'aria morta di casa.

44.

Aveva parlato quasi sempre solo lui. D'altronde, se voleva fare l'avvocato la lingua, oltre alla conoscenza dei vari codici, era uno strumento indispensabile.

Sì, ma di cosa aveva parlato, cosa le aveva detto?

Un po' di tutto. Del paese in cui vivevano per esempio. A lei piaceva? Non le aveva nemmeno dato il tempo per rispondere. Lui non avrebbe saputo dirlo, non lo conosceva. Gli impegni dello studio prima a Lecco e poi a Milano l'avevano tenuto lontano, tant'è che poteva dire di non avere nemmeno un amico. Bello, non lo poteva negare. Ma, come dire?, se lo sentiva un po' stretto per le sue ambizioni. Certo, per il momento gli stava bene così, fare un po' di pratica presso lo studio dell'avvocato Spendace era una bella fortuna, ma poi...

Lo stesso avvocato glielo aveva detto. Ah, era un bel tipo lo Spendace!

Caro mio, gli aveva detto fin dal primo giorno, sapeva bene le voci che circolavano su di lui, lo davano per morto un giorno sì e un altro pure. Ma gli aveva assicurato che per il momento non aveva intenzione di confermarle. Certo prima o poi sarebbe toccato anche a lui. E allora, solo com'era al mondo, il suo studio poteva tranquillamente cambiare nome e diventare Studio legale avvocato Niccolò Camminatore. Ma che ci pensasse bene prima di infognarsi, aveva proprio detto così, infognarsi, in quel paese e occuparsi perlopiù di beghe che con un po' di buon senso si sarebbero potute risolvere senza mettere di mezzo avvocati. Se aveva ambizioni di carriera...

E ce le aveva?

Sì, le aveva.

Quindi se aveva ambizioni di carriera quello era il momento giusto, l'età perfetta per tenere duro, impegnarsi per realizzarle. Il tempo volava e a un certo punto, proprio com'era capitato a lui, ti accorgevi che l'attimo era fuggito.

E lei cosa voleva fare una volta preso il diploma magistrale?

La maestra?

Bel mestiere, forse un po' noioso, tutti quei bambini con cui avere a che fare... Ma comunque era un po' presto per entrambi per ipotecare il futuro, no? Adesso che ormai erano liberi da certi obblighi, prima di caricarsene altri, valeva la pena di godersela un po'. Non era d'accordo? Non le andava un bel gelato? E magari, ecco, magari anche andarsi a vedere un bel film, la settimana prossima se le andava, sabato o domenica, lì a Bellano, ma anche a Lecco, cosa ci voleva, col treno era subito fatta, sempre che ne avesse voglia e la sua mamma non avesse niente in contrario oppure...

Oppure?

Oppure, che lei non avesse già altri impegni.

E lei cosa gli aveva risposto?

Che, a parte lo studio...

«A parte lo studio, niente», aveva risposto Vincenza.

«Hai fatto bene», aveva concluso sua madre.

Ormai erano giunte davanti alla porta di casa. Una volta dentro le era bastata un'occhiata per capire che Rita le doveva parlare. Anzi, per sapere già cosa le volesse dire.

45.

«Dimmi tutto!»

«Tutto cosa?»

«Tutto tutto.»

La Sciacca non aveva dovuto rallentare la marcia, era andata piano di suo, un po' le gambette corte, un po' la stanchezza dopo aver camminato per tutto il pomeriggio nel paradiso di villa Carlotta. E per evitare che fosse il figlio a comandare il ritmo, si era appesa al suo braccio obbligandolo a adeguarsi al suo passo.

«È timida», aveva risposto con l'intenzione di riassumere in due parole il pomeriggio appena trascorso.

«Costumata», aveva commentato la Sciacca.

Ma, almeno, gli piaceva?

Niccolò allora si era fermato. Erano ormai alla fine del lungolago, il battello che aveva scaricato le due madri stava giusto sparendo dietro la punta di Morcate. Senza che si offendesse, ma era ora di fare un po' di chiarezza, aveva detto il giovanotto.

«Mammà.»

I tempi in cui i genitori si mettevano di mezzo per combinare fidanzamenti e matrimoni erano finiti da un pezzo.

La donna l'aveva guardato con un'espressione mica tanto convinta, ma aveva taciuto.

Niccolò aveva dell'altro da dire.

E poi, aveva infatti proseguito, non le sembrava un po' presto per fare certi piani?

«Sì, ma...» aveva tentato di interloquire la donna.
«Sì e basta», l'aveva interrotta dolcemente il figlio.
La ragazza doveva ancora diplomarsi, lui fare il praticantato e poi l'esame per diventare davvero avvocato...
«Per me lo sei già», aveva sparato l'Assunta.
«Sì, va be'...» aveva sorvolato lui.
In ogni caso non c'era alcuna fretta, erano giovani tutti e due e c'era tutto il tempo per fare le cose per bene.
«Chi vivrà vedrà», aveva concluso Niccolò.
«Ma vi vedrete ancora?» aveva chiesto la Sciacca.
Niccolò aveva scosso la testa, un mezzo sorriso sulle labbra. Niente da fare con sua madre, non mollava la presa.
«Magari la porto al cinema domenica prossima.»
Assunta Sciacca non aveva più detto niente, le era piaciuto quello che aveva sentito dal figlio. Cinema o qualcos'altro faceva lo stesso, l'importante era che avesse preso lui il comando delle operazioni.
Aveva ripreso la strada di casa ed erano entrati mentre il Rosvaldo stava finendo di apparecchiare la tavola.

46.

Fu il martedì di quella settimana che Calogero Pizzuti ricevette un pacco.

«Roba di giù», rispose d'istinto a un collega che voleva sapere cosa contenesse.

Poi però glielo disse.

Orecchiette fatte a mano da sua madre. Dieci chili, stimò sotto gli occhi del collega.

«Ti piacciono?» gli chiese.

«Direi», fece quello.

E allora che se ne pigliasse un po'.

«Davvero?»

Davvero, sì.

Come poteva pensare che se le sarebbe mangiate tutte lui, solo com'era? Gliene sarebbe bastato un piatto, si sarebbe tolta la voglia. Un altro po' l'avrebbe destinato alla sua padrona di casa. E il resto l'avrebbe fatto avere al Rosvaldo, che le avrebbe apprezzate di sicuro. Come recapitargliele senza dover andare apposta a Bellano gli parve la cosa più facile del mondo: il professore del primo piano, quello che dava lezione alla Vincenza. Avrebbe poi telefonato lui al socio di andare in stazione a ritirarle.

Non appena finito il turno salì al primo piano tenendosi addosso la divisa, mossa studiata, avrebbe dato più peso alla richiesta che, se ne rendeva conto, era un po' singolare considerato che lui e il professore non si erano mai visti in faccia. Al limite avrebbe rinforzato il favore richiesto offrendo anche a lui un po' di quella prelibatezza. Chi avrebbe resistito a un simile regalo?

Erano le cinque del pomeriggio passate da poco quando suonò al campanello di casa Doriani. Dovette aspettare, tanto che gli venne il pensiero che in casa non ci fosse nessuno. Due pensionati a quell'ora di pomeriggio forse uscivano a fare una passeggiata, bersi un caffè o... Va be', avrebbe tentato più tardi, non troppo, per non disturbare... Ma a quel punto, quando s'era ormai deciso a rinunciare, sentì rumore di passi dietro la porta e poi una voce fonda.

«Chi è?»

Cosa rispondere?

Sono l'agente Pizzuti?

Sorrise, mica erano in un film.

«Sono l'inquilino del piano terra», disse.

«Sì?» chiese ancora la voce.

«Dovrei chiederle una cortesia», spiegò Calogero.

«Che genere di cortesia?»

Il Pizzuti contenne un inizio di nervoso.

«Se mi apre la porta le spiego», disse.

Un rumore di chiavi e poi di catenella, la porta si aprì. Di una spanna. Giusto quel tanto per permettere a Calogero di vedere un viso triangolare e scavato, smorto. Non corrispondeva a quella voce fonda che di nuovo gli chiese: «Sì?».

Un caldo odore di chiuso gli entrò nelle narici. Si spiegò stando sulla porta, sorridendo. Sapeva di chiedere una cosa particolare ma da giù, insomma, dal suo paese sua madre gli aveva mandato un pacco di orecchiette fatte a mano...

«Dieci chili, un'esagerazione!» commentò.

...ed ecco, gli sarebbe piaciuto farne avere un po' a un paio di amici che aveva a Bellano. Il volto del professore non fece una piega, né la porta si aprì più di quel tanto. Senza parlare chiedeva cosa c'entrasse lui.

«Insomma», cercò di concludere il Pizzuti, «le chiederei se potesse dare lei questo pacchetto alla ragazza che viene qui il mercoledì a fare lezioni... È la figlia di uno di quei miei due amici...»

Una ruga comparve sulla fronte del professore.

«Quale ragazza?»

Calogero Pizzuti fu sul punto di lasciar perdere le buone maniere, dire chiaro e tondo che se non voleva usargli quella cortesia bastava dirlo.

«E quali lezioni?» lo anticipò il professore.

«Le lezioni di matematica che...»

Fu solo allora che la porta si aprì del tutto.

«Caro signore», disse il Doriani, «forse l'hanno male informata.»

Prima di tutto lui aveva insegnato sempre e solo lettere classiche.

«Greco e latino, per intenderci», sottolineò.

E poi mai nella sua vita s'era piegato all'abitudine, per quanto conveniente, di dare lezioni private.

«Chi non approfitta di ciò che la scuola gli offre non merita quella scuola, se mi spiego», affermò.

Si spiegava, pensò il Pizzuti.

«Le chiedo scusa», borbottò poi.

«Mi stia bene», salutò il Doriani chiudendo la porta.

Calogero restò ancora qualche istante davanti alla porta chiusa, il pacchetto con le orecchiette in mano.

Che avesse capito male quello che la ragazza gli aveva detto?

47.

L'aria profumava sempre più d'estate, un peccato chiudersi ancora nel buio di un cinema.

O no?

Tanto più che il film che avevano visto, *Angelica*, non aveva divertito granché né l'una né l'altro. Meglio, aveva proposto Niccolò per la domenica a venire, passeggiare, godersi il sole, prendersi un gelato. O perché no, aveva anche suggerito, farsi un bel giro in battello?

«Magari», era stata la risposta di Vincenza.

Alle orecchie del giovanotto era suonato come un sì. Il sommesso tono della voce con cui Vincenza l'aveva pronunciato gli era sfuggito.

Magari sì, ma magari anche no, avrebbe voluto dire. Non erano obbligati, lei non era obbligata a dedicargli tutte le domeniche, bisognava che trovasse le parole giuste per dirlo, togliersi di dosso quella pressione che sentiva, ancora più pesante perché non espressa direttamente. Non poteva immaginare il futuro avvocato che, magari, lei avrebbe potuto avere già un impegno per la domenica in arrivo?

Quale impegno però?

Stare in casa ad aspettare, come al solito, che giungesse il lunedì?

«E battello sia», aveva concluso il giovanotto prima che lei potesse dire qualcosa.

48.

Quella domenica il Sofia era partito con *È l'uomo per me*, canzone che aveva soddisfatto la Cuchina e fatto concludere al figlio che il loro dirimpettaio aveva finalmente trovato il moroso.

Conferma che s'era dato perché dopo una pausa di un paio d'ore era ripartito nel primo pomeriggio sempre con la stessa canzone.

Ed era toccato alla vedova Cereda quella volta pensare che fosse dedicata a lei, considerando quanto ne fosse stata convinta il giorno in cui s'era sposata. Se la mattina, quando il Sofia aveva attaccato la musica, la voce di Mina le era giunta confusa, adesso, sola com'era, stesa sul letto e con le persiane accostate avvertiva l'inganno di quelle parole, quello che definiva il malinteso dell'amore.

Era la seconda domenica che passava così, in completa solitudine, avvertendo di minuto in minuto come potesse allontanarsi dalle cose, quasi galleggiasse dentro la sua stanza. Bastava chiudere gli occhi per vedere un passato di sole macerie, un presente talmente monotono da essere impalpabile. E se pensava al futuro si sentiva sciocca perché la fantasia la portava a immaginare di essere nei panni della sua figlia minore. Poteva anche permettersi il lusso di piangere, lacrime lente che nemmeno asciugava, una libertà che per lunghi anni non si era concessa per non dover dare spiegazioni.

Senza Vincenza in casa infatti, la domenica precedente al cinema, adesso in gita col futuro avvocato, Rita aveva ben pensato che sarebbe stato meglio allontanare da casa l'altra sorella, non lasciarla a stretto contatto con la madre che per il resto della settimana cercava di stare il più a lungo possibile nella sartoria, in attesa che quel mese che aveva concesso controvoglia passasse.

Il bel tempo benediceva quei pomeriggi e secondo le sue pacate abitudini Rita accompagnava la sorella un po' in chiesa, salendo al cimitero o spingendosi addirittura fino al santuario di Lezzeno. Ma bastava anche stare sedute su una panchina, meglio se nell'area poco frequentata del parco delle Rimembranze, a chiacchierare o perlopiù ascoltare sua sorella, calmarla, invitarla a portare pazienza. E infine ritornare a casa dove la presenza di Vincenza catalizzava l'attenzione della madre.

Quella domenica, quando le due decisero di rientrare non c'era più musica nell'aria della contrada. In cucina la luce era spenta, l'accese Rita e subito Vincenza uscì dalla camera della madre. Alle due sorelle giunse il profumo d'aria di lago che impregnava ancora i suoi vestiti. Vincenza si mise un dito sul naso.

«La mamma non sta bene», disse sottovoce.

L'aveva trovata così, non appena rientrata. Non era il solito mal di testa, aggiunse, un po' di nausea, qualche conato. Adesso dormiva però, meglio lasciarla tranquilla.

49.

La mattina del 19 giugno illuminò un panorama da cartolina che faceva seguito a una notte burrascosa durante la quale i carabinieri avevano dovuto intervenire. La miccia era stata l'incontro di boxe svoltosi la sera prima tra Sandro Mazzinghi e Nino Benvenuti che tra gli appassionati di tale sport, non tutti e solo uomini, aveva scatenato una rivalità pari solo a quella che c'era stata tra i mai dimenticati Coppi e Bartali. Pur se molte case erano dotate di televisore, in parecchi avevano preferito seguire l'incontro nei locali pubblici.

Il bar Roma, il caffè dell'Imbarcadero, il Testori, il Vitali s'erano affollati oltre misura. Già le polemiche che avevano preceduto l'incontro, lette e discusse con avidità, avevano contribuito a riscaldare gli animi. L'andamento del match aveva fatto il resto.

Le discussioni che s'erano levate fino a scuotere il soffitto dei locali pubblici sulle qualità dei due pugili erano perlopiù finite al termine dell'incontro. Ma alcune promesse di risolvere le divergenze all'aria aperta erano state mantenute così che gli insulti erano diventati sganassoni che avevano animato piazza Grossi nelle ore centrali della notte facendo infine intervenire i carabinieri. I quali avevano condotto in caserma i più esagitati tra cui c'era stato anche quel Sario Ortiga, detto Piaga, sostenitore di Mazzinghi, il muratore che con il socio Mirandolino aveva ristrutturato i locali del Carretta.

A movimentare vieppiù la notte, proprio mentre la rissa

giungeva al culmine, era arrivata l'ambulanza a sirene spiegate, come se ci fosse qualche ferito da portare in ospedale. Parcheggiato il mezzo in piazza Boldoni invece, i portantini s'erano infilati in via Porta uscendone una ventina di minuti più tardi con sulla barella la vedova Cereda.

Da qualche settimana la donna avvertiva che qualcosa non andava, soprattutto la nausea che non l'aveva mai abbandonata del tutto, accompagnandosi di tanto in tanto a dolori, crampi li chiamava tra sé, all'addome. Aveva taciuto perlopiù. Ma a nessuna delle tre figlie era sfuggito che in quel periodo il suo appetito, già poca cosa, s'era ulteriormente ridotto e soprattutto i modi bruschi con cui reagiva alla vista della prima figlia avevano perduto molta della loro durezza. Pareva insomma che ogni cosa le imponesse una fatica maggiore pur se non aveva voluto cedere nel perseguire la quotidiana routine. Ma quando quella notte, dopo essersi addormentata a fatica, era stata svegliata da un dolore lancinante aveva dovuto cedere e chiamare Rita ad alta voce, col che tutte e tre le figlie s'erano trovate al suo capezzale.

Elena Fulgenzi era sudata, il viso contratto per il dolore, le mani strette sull'addome. Era stata Rita a chiamare l'ospedale, nonostante la donna avesse tentato di opporsi, e chiedere l'intervento dell'ambulanza.

Nella saletta del pronto soccorso l'aveva visitata il professore Aurelio Santamaria assistito da una delle suore che faceva parte del corpo di infermiere.

«Probabilmente sono calcoli», aveva concluso. Si rendeva necessario un ricovero, una notte di osservazione durante la quale il dolore a tratti aveva ripreso a tormentare la donna. Dopo averla visitata una seconda volta la mattina seguente il Santamaria non aveva avuto più dubbi.

«Calcoli alla colecisti.»

Per liberarsene l'unica via era operare.

TERZA PARTE

1.

Le orecchiette.

Perché poi gliene aveva mandate così tante...

E va be'!

Un po', come aveva stabilito, l'agente Pizzuti le aveva regalate alla sua padrona di casa che non le conosceva, anzi, aveva riso di quella forma così simile a un orecchio umano. Però le aveva prese, gli aveva chiesto come si cucinavano e promesso che una sera o l'altra l'avrebbe invitato a cena. L'avesse immaginato, il Pizzuti avrebbe evitato l'offerta.

In ogni caso aveva deciso che quando quella sera fosse arrivata sarebbe stato di servizio o comunque impegnato altrove.

La rimanenza la destinò al Rosvaldo e agli altri due, portandola lui stesso domenica 27 giugno dopo averli avvisati che si sarebbero incontrati presso il bar Roma.

Del tentativo fallito fatto col professore del primo piano aveva taciuto perché s'era capito subito che il Camminatore non era del suo solito umore. Mutacico, con una barba di almeno due giorni che nessuno mai gli aveva visto in faccia.

Cosa c'è, cosa non c'è, gli era forse morto il gatto oppure sua moglie la sera prima eh... nisba?, con indice e pollice a volteggiare per aria.

I tre avevano tentato di buttarla in vacca insomma per tirargli via il muso, ma c'era stato niente da fare.

Per un po' il Rosvaldo aveva tentato di svicolare. Poi

però, visto che non indovinava una carta che fosse una, aveva sbuffato, dichiarato che non era giornata per giocare a carte e s'era sfogato.

Cosa c'era?

C'era che ne aveva piena l'anima di discutere con sua moglie, testa di legno che non era altro e che continuava a pensare che il loro figlio avesse ancora bisogno di essere accompagnato mano nella mano, manco andasse ancora all'asilo.

Non che fosse successo qualcosa di particolare, solo che dopo un mesetto di pratica presso lo studio dello Spendace, Niccolò aveva capito fin troppo bene le parole che quello gli aveva detto circa l'infognarsi in quel paese, arenarsi lì e cazzeggiare per un litigio su un pollaio o tra lavandaie. E, papale papale, un bel giorno aveva detto all'avvocato che per sé immaginava, anzi, voleva ben altro. Poteva dargli una mano?

Bravo!, aveva risposto lo Spendace approvando la sua decisione. Finalmente dimostrava di avere due coglioni come lui da giovane, che però se li era fatti tagliare da sua moglie: la buon'anima non aveva voluto schiodarsi dal paese e lui, coglione due volte, aveva ubbidito.

Di colleghi che avevano fatto ben altre carriere rispetto alla sua ne conosceva parecchi. Uno soprattutto, di Lecco, compagno di università, l'avvocato Casarillo, dello studio Casarillo e Durante, vedovo pure lui ma non altrettanto fesso, con il quale si trovava spesso a passare le domeniche. Niente di che, ormai stante l'età le uniche avventure che si potevano concedere erano quelle: andare alla scoperta di qualche ristorante dove si riempivano la pancia e poi se la contavano tirando sera. Se voleva glielo avrebbe presentato e anche raccomandato: quello era uno studio dove avrebbe potuto farsi le ossa e poi puntare in alto. «Naturalmente», aveva concluso lo Spendace, «ne parleremo comodamente seduti al tavolo di un ristorante.»

Niccolò non aveva avuto dubbi.

«Quando?»

«Una delle prossime domeniche», aveva promesso l'avvocato.

Ma in casa, quando aveva dato la notizia, il dottore di fresca laurea aveva dovuto fare i conti con la contrarietà di sua madre. L'Assunta aveva messo giù il muso, la prospettiva che il figlio se ne volasse via dal paese non le piaceva per niente. Si vedeva derubata dal sogno di Niccolò erede dello studio Spendace, dispensatore unico della legge in quel paese, una specie di vendicatore di tutte le angherie che aveva subito nel corso degli anni. E con magari, cosa che peraltro non aveva mai rivelato, la bella Vincenza, ormai diventata la signora Camminatore, a fargli da segretaria anziché la maestrina, che di quelle ce n'era in abbondanza. E lei, lei... perché no, consultata per strada quale madre dell'avvocato e farsi raccomandare.

Niccolò aveva cercato di farle capire che se si fosse fermato in quel paese la sua carriera non sarebbe mai decollata, aveva messo sul tavolo pollai e lavandaie.

E l'Assunta a ribattere che così facendo sputava nel piatto in cui aveva sempre mangiato.

Dopo tutti i sacrifici che avevano fatto...

Ma era appunto per far fruttare tutti quei sacrifici, aveva ribattuto Niccolò, che doveva puntare in alto, giocare le sue carte adesso che aveva l'età giusta per farlo, e le opportunità. Bisognava cogliere l'attimo!

Naturalmente l'Assunta aveva tirato in ballo anche il marito.

Non aveva niente da dire in proposito?

Sì, ce l'aveva. E l'aveva detto ben cosciente del fatto che avrebbe alimentato il fuoco della discussione: d'altronde non si poteva mica tacere sempre.

E il parere del Rosvaldo era che la cosa migliore da fare fosse lasciare che il figlio si scegliesse da sé la strada da seguire.

L'Assunta l'aveva guardato storto.

Si erano forse messi d'accordo per darle contro?, e avanti così, ormai non si parlava d'altro una sera dopo l'altra.

«Insomma», aveva concluso Rosvaldo Camminatore, «in casa c'è aria pesante.»

Anche quella domenica era uscito senza nemmeno salutare.

«Io vado», aveva detto dopo di lui Niccolò.

E l'Assunta, sola, aveva sparecchiato e poi era uscita a sua volta per andare a trovare la vedova Cereda che era ancora in ospedale.

2.

E se non fossero stati solo calcoli?

Il dubbio, maligno, era fiorito sulle labbra della Luisago e sussurrato all'orecchio della Spinetta Buboli che s'era stretta nelle spalle e spalancato gli occhi.

Chi poteva dirlo?

La sartoria «chiusa per malattia» da giorni aveva contribuito ad alimentare chiacchiere.

In effetti l'intervento chirurgico si era rivelato un po' più complicato del previsto. Quando si apre un addome non si sa mai quello che si trova: in quel caso aderenze, una ragnatela di aderenze, aveva specificato il Santamaria, una sorpresa che aveva allungato i tempi dell'intervento e pure il recupero postoperatorio che avrebbe richiesto più giorni di degenza in ospedale.

Quanti, difficile dirlo. Una settimana, tanto per cominciare.

«Poi si vedrà», aveva detto a Rita, chiarendo che almeno per le prime notti sarebbe stato opportuno che qualcuno della famiglia assistesse la donna.

«E visite vietate fino a nuovo ordine.»

Ci fu poco da scegliere con Vincenza che ormai era prossima agli esami per il diploma mentre era impensabile che a quel compito si dedicasse Lirina. Le prime tre, quattro notti furono particolarmente tribolate sia per la vedova Cereda, che si svegliava spesso a causa dei dolori, sia per Rita che dovette chiamare in aiuto le infermiere o le suore di turno. Fu solo verso la fine di quella settimana che la situazione della vedova migliorò, tanto che il Santamaria decise che non era più necessaria l'assistenza notturna. E le visite libere, nel rispetto degli orari vigenti.

Assunta Sciacca, che si era tenuta sempre informata sulle condizioni della Cereda, cogliendo pure qualche voce che la dava affetta da ben altro, approfittò di quella domenica per andarla a trovare.

In testa, mentre camminava alla volta dell'ospedale, continuava a dibattere tra sé e sé, come se avesse ancora sotto gli occhi marito e figlio. Mormorava, senza curarsi che la potessero notare, le obiezioni che per tutta la settimana aveva opposto a Niccolò e a quella pasta molle di suo marito. E non si sarebbe tenuta dal mettere a parte la Cereda del suo malumore se non l'avesse trovata ancora un po' sciupata, pallida. Ma, soprattutto, già impegnata a rispondere con sorrisi tirati o gesti da cui emanava stanchezza a Vincenza e a Niccolò che l'avevano preceduta.

Fu questione di poco comunque. La suora che era di turno in corsia aveva avvisato che sarebbe stato meglio non stancare troppo la convalescente.

Un visitatore alla volta, aveva raccomandato, permettendo l'eccezione, purché breve, ai due giovani.

All'ingresso di sua madre Niccolò non fece una piega, fu Vincenza a far notare che tre in quella camera erano troppi.

«Andate», suggerì la Cereda, un plurale che suonò male alle orecchie della figlia.

Poi rimasta sola con la Sciacca chiuse gli occhi.

L'Assunta restò lì, seduta, in imbarazzo, indecisa se dire qualcosa o rispettare il silenzio che avvolgeva la stanza. Quando avvertì il respiro lieve della Cereda che si era addormentata si alzò e uscì in corridoio. Dalla finestra che dava sul lago intravide un battello che faceva rotta verso il paese. Le tornò in mente la gita a Cadenabbia, il confuso trionfo di profumi e colori, ma sembrava che fossero passati anni e non solo poche settimane da quella indimenticabile domenica. E fu certa che quella gita sarebbe stata un ricordo, unico e irripetibile.

3.

Meglio far fuori la questione subito, inutile aspettare. Niccolò lo comunicò lunedì sera durante la cena.

«Domenica prossima non ci sono.»

Gli piaceva il risotto col persico?, gli aveva chiesto l'avvocato Spendace nel tardo pomeriggio.

Non l'aveva mai mangiato?

«Non sai cosa ti sei perso», aveva commentato.

Poco male, però. Il suo collega Casarillo gli aveva telefonato che, va' che testa!, proprio quella notte s'era sognato di mangiarlo e s'era svegliato con la precisa intenzione di togliersi la voglia. Quindi la domenica a venire aveva deciso che avrebbero fatto vela su Domaso, dove c'era una trattoria imbattibile nel prepararlo.

Andata, aveva risposto lui. E già che c'era gli aveva detto che, se non gli dava fastidio, avrebbe invitato un giovanotto fresco di laurea che aveva ambizioni di carriera. L'avrebbe conosciuto e se gli avesse fatto simpatia avrebbe potuto prenderselo in studio come praticante, così da avviarlo al lavoro vero.

Su quella battuta lo Spendace s'era messo a ridere. Niccolò ne aveva accompagnato la risata e aveva balbettato un po' mentre lo ringraziava.

«Gli avvocati non balbettano», aveva riso di nuovo l'altro.

Non balbettò invece quando lo comunicò in casa, pronto a riprendere la discussione che ormai animava quelle cene.

L'unico che parlò fu però suo padre che se ne uscì dicendo: «Bene».

L'Assunta invece non disse niente. Si sentiva sola. Aveva cominciato ad avere quella sensazione il pomeriggio precedente quando la Cereda si era addormentata sotto i suoi occhi, quasi volesse allontanarsi da lei. Un pensiero che la vista di quel battello aveva rafforzato, quasi fosse la fotografia già sbiadita di un ricordo. Ecco, si disse, cos'era la vita. Aveva ragione quel proverbio...

A vita è 'na brioche... e tutt fernesce!

Poi era rimasta davvero sola in casa, suo marito al solito a passare un paio d'ore al bar Roma, Niccolò a fare due passi e comunicare la bella novità a Vincenza che l'accolse con sollievo.

4.

I primi tempi, quando le cose sembravano funzionare bene, il muratore l'aveva portata più di una volta al cinema. Va be', succedeva quasi sempre e quasi solo se c'erano i western, ma di tanto in tanto alla Lirina riusciva di convincere il marito a «ciucciarsi», come diceva lui, qualche bel film d'amore a metà del quale in genere si addormentava. Quella domenica alla Casa del Popolo davano *In ginocchio da te*. La Lirina aveva visto i manifesti passando per via Roma. Con la madre in ospedale, Vincenza a scuola e sui libri, era stato giocoforza che si mettesse a disposizione per dare una mano. Come, per esempio, andare a fare la spesa. Quindi uscire, mostrare la faccia e andassero a cagare quelli che la guardavano come se la volessero fotografare. Ecco, fossero stati ancora i bei tempi in cui andavano d'accordo si sarebbe messa proprio come diceva il titolo del film in ginocchio davanti a suo marito, pregandolo di portarla al cinema. Niente da fare invece, pur con dispiacere aveva cassato l'idea, e pace amen.

Pace amen, non fosse stato per il Sofia che la domenica mattina, mossa studiata o caso vallo a sapere, aprì le finestre di casa per far uscire note e parole della canzone che dava il titolo al film.

Il Fisima, su invito della Cuchina, aveva tentato di chiedere al dirimpettaio di moderare il volume, «Sbàsa, Sofia!» perché due giorni prima il genitore Cabrio era tornato a casa e dichiarato che voleva dormire. Che la galera stancasse così tanto la Cuchina non lo immaginava!

Ma il marito le aveva risposto di non fare tanto la spiritosa. Che nessuno quindi gli rompesse le balle. Per tutta risposta, alla richiesta del Fisima il Sofia aveva tirato su al massimo così che nemmeno coi tappi nelle orecchie la Lirina avrebbe potuto sfuggire al richiamo di quella voce e di quel film. E il desiderio era tornato, era montato fino a farsi incontenibile.

«Ci andiamo?» sbottò infine poco dopo pranzo.

Non c'era più musica nell'aria, nemmeno più un piatto sul tavolo. Non sfuggì a Rita e a Vincenza lo sguardo acceso della sorella, il volto che si era via via rilassato dopo i giorni passati in casa con loro, assente la madre.

«Dico, al cinema», chiarì Lirina.

Tutte e tre, assieme, come quella volta, l'unica in verità, in cui a quello dell'oratorio avevano visto *Marcellino pane e vino.*

Poi si corresse.

«Ah no», disse rivolta a Vincenza, «tu dovrai uscire con quello dei pantaloni.»

Ormai lo chiamava così.

«No», rispose Vincenza.

Quello dei pantaloni era via, a pranzo con un avvocato per questioni che riguardavano il suo praticantato.

«Allora sei libera», concluse Lirina.

«Sì, ma è meglio se sto qui a studiare», disse Vincenza.

«E tu?» chiese allora a Rita.

Doveva studiare anche lei?

Rita arrossì.

«Devo passare in ospedale dalla mamma, c'è la cucina da mettere a posto...»

Ma Lirina, come dire?, sembrava tornata a essere quella di un tempo, insofferente a ordini, obblighi.

«Andiamo alla proiezione delle due», propose. Tanto in ospedale prima delle quattro non facevano entrare. Si godevano quella bellezza di Gianni Morandi, e pure quell'altra, quell'attrice col nome difficile e poi...

«Poi tu fili in ospedale e io torno qui e ti sistemo la cucina.»

Cosa c'era di più facile?

«Ma sì, dai», intervenne Vincenza cercando di vincere la resistenza di Rita.

«Non sono mai andata alla Casa del Popolo», si difese Rita.

«C'è sempre una prima volta, per tutto», sentenziò Lirina.

Rita tacque.

E, chi tace…

5.

I

Il sole bacia i belli. Tutte balle. Se mai ti fa sentire peggio di quello che sei.

Rita ne fu conscia quando, dopo essere uscita da casa e aver attraversato piazza Santa Marta e quella della chiesa, imboccò via Roma invasa dal sole, diretta verso il palazzo del cinema. La sua gamba parve non volerla seguire come se avesse attraversato un confine che le era proibito, sudava nel caldo che le rendeva faticoso camminare. Più volte fu lì per dire alla sorella che non se la sentiva e che voleva tornare a casa. Ma Lirina, da che erano uscite, non aveva più smesso di canticchiare la canzoncina di Morandi, tenendo alto il viso, beandosi del sole, senza accorgersi che piano piano aveva lasciato indietro la sorella. Fu poco dopo aver imboccato via Roma che se ne avvide. Allora si fermò, l'attese e nel momento in cui Rita era decisa a dirle che sarebbe tornata indietro, la prese sottobraccio.

«Dai sorellina!» le disse alzando la voce perché era montata un'ariaccia tesa che si portava via le parole e le confondeva.

Non si poteva far aspettare un belloccio come Gianni Morandi, aggiunse ridendo.

Rita le rivolse uno sguardo curioso. Era bella in quel momento sua sorella, radiosa. Forse, pensò, anche più bella di Vincenza. Che in quel momento sentì suonare al campanello della porta di casa.

II

L'occasione gli era sembrata imperdibile. Quando il geometra Durini che guidava la squadra dove lui lavorava aveva pagato da bere a tutti perché gli era appena nato il secondo figlio, aggiungendo che il giorno dopo, domenica, avrebbe fatto una scappata a casa per vederlo, il muratore l'aveva avvicinato per chiedergli se poteva dargli un passaggio. Era di strada, abitando a Mandello, quindi senza nessun disturbo poteva lasciarlo a Bellano.

«Niente in contrario», aveva detto quello. Partenza alle sette del mattino. Ma che si facesse trovare in strada alle cinque del pomeriggio, non voleva tornare sul cantiere troppo tardi. Dopo oltre un mese a lavorare duro, bere nemmeno gazzosa, pura acqua di fonte piuttosto, ripassare tutte le sere, prima di crollare nel sonno, i motivi per i quali si trovava in quel posto così lontano da casa, il Damato si sentiva un'altra persona. E aveva immaginato più volte l'impatto che avrebbe fatto ripresentandosi, certo che quel suo cambiamento si sarebbe visto senza nemmeno dover fare ricorso a parole, spiegazioni. Gli restavano ancora due mesi di contratto avventizio e li avrebbe onorati. Ma l'occasione gli era sembrata mandata dal cielo, ne aveva voluto approfittare.

Se si era illuso che sua moglie nel frattempo fosse ritornata nella loro casa, si dovette ricredere subito non appena entrato. A mezzogiorno suonato tra l'altro, perché un incidente appena poco fuori Sondrio li aveva tenuti fermi un bel po'.

La Spinetta Buboli si era subito messa in allarme. Insomma, da più di un mese non sentiva un rumore che fosse uno provenire da quella casa e adesso tutt'a un tratto, tric e trac, la porta che si apriva e sedie e passi. Ue', era andata a vedere. E, la bella sorpresa!

«Tornato al nido?» aveva chiesto.

Il muratore l'avrebbe volentieri mandata a quel paese,

o anche peggio. Fosse stato quello di una volta (una volta?, poche settimane prima...), l'avrebbe fatto.

«Come va?» aveva chiesto invece.

O, la Buboli non s'era fatta pregare! Tra l'altro il quartino di rosso che aveva appena consumato come al solito non vedeva l'ora di sciogliersi in parole.

Novità?

Poche, cosa voleva che succedesse mai in quel paese!

Un paio di morti, gente che però stava male già da un po'; aveva piovuto un paio di giorni, acqua che dio la mandava e un pezzo di argine se l'era portato via il fiume; quello degli assegni a vuoto era uscito di galera ma c'era da scommettere che di lì a un po' ci sarebbe tornato...

«D'altronde non ha uno straccio di lavoro.»

...e poi, ecco, la vedova Cereda era in ospedale, da parecchi giorni.

«In ospedale?» aveva chiesto lui.

«Sì, calcoli.»

Così almeno dicevano.

Ma adesso, aveva pensato la Buboli, toccava a lui. Cosa ci faceva lì?

«'Stasera torno su», aveva risposto il muratore.

«Su?» aveva indagato la Spinetta.

Su, dove?

Su, tanto bastava. Anche perché ormai s'era fatta l'una, lui voleva farsi la barba, darsi una sistemata. Non aveva bisogno di far domande per capire che sua moglie era ancora a casa della madre. Dove, dopo essersi sbarbato, s'era diretto quando mancava una manciata di minuti alle due.

III

«Quello dei pantaloni», l'aveva fatta ridere.

Una battuta, ma ci stava. Era proprio grazie a un paio di pantaloni che s'erano conosciuti. E sua sorella, con il solito sarcasmo, l'aveva marchiato. Adesso però, sentendo suonare il campanello, col sospetto che fosse lui, l'ora era quella solita in effetti, che fosse già tornato da quel pranzo di cui le aveva detto o che non ci fosse andato per chissà quale ragione... ecco, non riuscì a pensarlo come «quello dei pantaloni» ma per la prima volta, con chiarezza, come il fidanzato ormai designato anche se nessuno, lui per primo, s'era espresso in quel senso. Si sentiva, come dire?, nell'aria, si vedeva negli sguardi, quelli benevolenti di sua madre quando la vedeva uscire col giovanotto. Era un'idea appiccicosa, che le si ripresentava soprattutto al risveglio accompagnata da una certa ansia. La sua compagna di classe, quando le aveva raccontato di uscite e manovre, le aveva detto senza mezzi termini che era una cosa stupida. Voleva passare dalla padella alla brace? Dalla gabbia della scuola a quella di un legame fisso, giocandosi così gli anni migliori della vita, anzi la più bella stagione della vita? E lui, quello lì, quel Niccolò, se era così quadrato, noioso... l'aveva detto lei no?, più di una volta. Ecco, perché non lo mandava a quel paese?

Coi dovuti modi, certo.

«Parlatene», aveva suggerito Selene.

L'avevano mai fatto?

No.

Fosse stato lui di sotto, era il momento buono per farlo, rifletté Vincenza, ne avvertiva la forza, padrona nella solitudine della casa, del silenzio nel quale già sentiva ciò che stava per dire a «quello dei pantaloni». Continuare a pensarlo come «quello dei pantaloni» e non altrimenti: così doveva fare per essere libera di dire ciò che sentiva.

Fosse stato lui però, e non il marito di sua sorella.

6.

Agosto declina uno dopo l'altro i giorni che si avvicinano all'autunno con una singolare perizia.

A volte è un improvviso profumo di bosco che impregna l'aria come uno sbadiglio della terra davanti al quale il lago si ritrae. O una luce che perlopiù al crepuscolo perde energia per un primo brivido di freddo. Oppure ti instilla nell'animo un languore sottile che fa scattare lo sguardo tutto intorno così che in un istante il paesaggio è già cambiato, quello che era fino a ieri è già memoria.

Ma con un colpo di coda può anche ribadire la forza dei suoi colori, dei profumi intensi, di un calore concentrato, tenuto apposta da parte per salutare la sua fine. Fu così quella domenica, la quarta del mese.

Luglio era passato confermando di essere uno dei periodi peggiori sul lago. Una cappa di umidità che aveva stremato anche i sassi, tortura di giorni senza breva, di notti stanche, sudori che non diventavano gocce ma una seconda pelle.

«Beati loro», aveva esclamato il postino entrando in sartoria una volta a settimana.

Tre settimane, tre cartoline, da giù. L'indirizzo, Gentile signora Elena Fulgenzi in Cereda e famiglia. Le firme a volte tre, a volte cinque o sei. I saluti sempre cari. Le immagini, mare, barche, spiagge.

Beati loro!

La famiglia Camminatore era partita al gran completo

il secondo lunedì del mese e Niccolò non aveva nemmeno tentato di opporsi al diktat materno: parenti, amici e conoscenti dovevano vedere il primo avvocato da che i Camminatore erano spuntati al mondo.

L'avvocato Casarillo non aveva avuto obiezioni, capiva l'orgoglio materno, l'obbligo della passerella.

«Ti toccherà cominciare in agosto», tutto lì.

Ognuna di quelle cartoline era finita sotto gli occhi di Vincenza che le aveva guardate senza fare commenti nonostante l'entusiasmo della madre per la magnificenza di quei paesaggi di mare.

Certo, capiva che la figlia potesse essere stanca, sfinita: lo studio, gli esami, quel mese pesante. Ma tutto sarebbe passato, diceva cercando di smuovere la figlia, di scuoterla, perché le stava appassendo sotto gli occhi.

«Vincenza, su», la incoraggiava.

In risposta la figlia si forzava a sorridere.

Ma stava meglio lontana dagli sguardi che la indagavano, mentre il suo girava spesso a vuoto inseguendo un solo pensiero, un punto interrogativo che ancora non aveva risposta.

Una volta tornata a casa dall'ospedale la vedova Cereda aveva voluto riaprire subito la sartoria.

Il Santamaria le aveva consigliato di prendersi ancora qualche giorno di riposo. Ma una volta resasi conto che la sua prima figlia non era più lì, tornata nella sua casaccia, non c'era stato niente da fare.

Di lei non aveva chiesto nulla, le era bastato non vederla più. Aveva trovato di che mantenersi? Meglio così. Per lei parentesi chiusa, e avanti come prima.

Luglio, così immobile, aveva pesato su di lei come su tutti. Ma sarebbe passato, come aveva detto tante volte a Vincenza o a sé stessa quando alla sera aveva cercato, tra le firme a volte illeggibili sul retro delle cartoline, quella decisa, istruita l'aveva definita, di Niccolò.

Era passato infine, come il giorno del diploma, come

il postino che aveva portato l'ultima cartolina da giù, la terza, tre firme, padre, madre e Niccolò.

Non solo cari saluti.

A presto!

7.

Cari saluti, la fantasia di Assunta Sciacca si fermava lì.

«Mettici qualcosa anche tu», aveva chiesto più volte al figlio avvocato che chissà quante belle parole conosceva.

«Va bene così», la risposta.

Nemmeno su quell'ultima s'era lasciato convincere a metterci qualcosa di suo. S'era arresa e aveva aggiunto «a presto» con una grafia terremotata perché ormai l'idea del ritorno la metteva in agitazione.

Tra visite, pranzi, cene, gite, infiniti pomeriggi di chiacchiere, le tre settimane erano volate a giudizio dell'Assunta.

Un po' meno per il marito, che se l'era cavata frequentando qualche vecchio compagno di gioventù con il quale però faticava a intendersi quando si parlava in dialetto stretto stretto.

Niccolò s'era prestato per una settimana a lasciarsi esibire come il campione di famiglia. Poi s'era dato a girare grazie alla complicità di un cugino in seconda che aveva la macchina, non si sapeva bene che lavoro facesse, meglio non indagare aveva deciso tra sé Niccolò, e s'era lasciato scarrozzare dappertutto, Acireale e Acitrezza soprattutto, spiagge, mare, bagni. Allo scadere di ogni settimana, il sabato, chissà perché?, sua madre si presentava con la cartolina da spedire su e: «Mettici qualcosa anche tu».

«Va bene così», aveva sempre risposto, firmando e basta.

Fin troppo bene, secondo lui, anche se s'era ben guardato dal dirlo. Quella vacanza che all'inizio aveva accettato come una penitenza s'era invece rivelata la cosa migliore che gli potesse capitare. Mica subito, dopo la prima settimana che l'aveva stordito di parenti, chiacchiere, pranzi, merende e cene. Dopo, invece, quando s'era preso la libertà di andare in giro, con o senza il misterioso cugino, e aveva avuto tutto il comodo di fare una specie di bilancio in previsione di ciò che lo aspettava al ritorno.

E quando ci aveva pensato, l'immagine che gli si era formata nella fantasia non era stata più quella del paese, Lecco piuttosto, la città, lo studio dell'avvocato Casarillo, il luogo dove avrebbe costruito il suo futuro.

Benedette infine quelle settimane di stacco: gli avevano permesso di guardare le cose da una giusta distanza, capire a fondo le parole dell'avvocato Spendace; di tempo per tagliarsi i coglioni ne avrebbe avuto fin che voleva, ma non era quello il momento.

Il pensiero di Vincenza aveva fatto capolino nei suoi ragionamenti. Stava lì, perlopiù in silenzio come quasi sempre. Forse stante l'età, la famiglia, quella madre, non si era ancora resa conto che il paese, la sua vita, potevano diventare una gabbia, trasformarla in una maestrina ina ina, personaggio e non interprete della propria vita. Forse s'era lasciata suggestionare da una logica di opportunismo, convenienza, tipica di menti abituate a piccoli calcoli. Be', quale che fosse la sua posizione, al ritorno sarebbe stato franco ed era certo che si sarebbe trovata d'accordo con lui, non gli era sfuggita una certa acquiescenza ai suoi inviti come se non avesse via di scampo. Le avrebbe aperto gli occhi, ecco: dovevano evadere dalla trama che i rispettivi genitori, sconfitti dalle proprie esperienze, stavano scrivendo alle loro spalle, da qualunque trama che non fossero loro stessi a scrivere. Sante parole quelle dell'avvocato Spendace!

Niccolò s'era tenuto per sé quei pensieri, non voleva intromissioni. E il solo nome sulle cartoline, contro l'insistenza di sua madre a metterci un pensierino per la ragazza, un primo segnale che, al ritorno, molte cose sarebbero cambiate. Tra l'altro in quel mese aveva anche imparato a remare, governare una barca.

8.

La prima domenica di agosto, con partenza il sabato pomeriggio, si era consumata nel viaggio di ritorno. Tre settimane giù avevano lasciato tracce diverse nell'Assunta e in suo marito.

La Sciacca aveva passato i primi giorni di agosto quasi sempre silenziosa rivivendo nel pensiero i ritmi dei giorni passati, le chiacchiere anche, che, non appena aveva potuto, lontana dalle orecchie di figlio e marito, aveva speso attorno al futuro avvocato. S'era infine convinta che per chiamarlo così doveva aspettare ancora un po', diceva «quando sarà avvocato». E naturalmente, con l'orgoglio della mamma che per anni aveva superato ogni genere di difficoltà e aveva pensato sempre a tutto, aveva anche parlato della bellezza che gli aveva portato su un piatto d'argento. La più bella del paese che era anche maestra.

Al contrario Rosvaldo era rientrato subito nella vita di sempre: il lunedì sera, dopo cena, s'era fiondato al bar Roma per rivedere gli amici e aveva scherzato dicendo di aver finalmente fatto il viaggio di nozze rimandato da tanti anni. Più serio aveva aggiunto che non sarebbe mai più riuscito a adattarsi a quel tipo di vita, troppo diversa a quella cui era ormai abituato.

Pure Niccolò non aveva avuto esitazioni: lunedì mattina alle nove s'era presentato in studio dal socio del Casarillo e s'era detto pronto, come se avesse fame.

Una sera dopo l'altra l'Assunta, di domanda in domanda, aveva cercato di portarlo a parlare di Vincenza. Cominciava a indagare su ciò che faceva in studio e Niccolò stava sul vago, come fare a spiegarsi? C'era tanto lavoro però, tanto da imparare, erano solo in due, poco tempo per pensare ad altro.

E, figlio mio, ribatteva lei, ogni tanto però bisognava anche pensare a svagarsi, guardasse suo padre che andava al bar…

Sì, va be', troncava il giovanotto. Tanto sapeva dove sua madre sarebbe andata a parare. E non voleva discutere su ciò che aveva deciso di fare. Dopo avrebbe messo in chiaro le cose anche con lei. Dopo averne parlato con Vincenza però, che, ne era sempre più certo, avrebbe concordato.

Alla vaghezza con cui il figlio le rispondeva l'Assunta s'era sempre arresa. Ci aveva pensato lei a passare dalla sartoria per farsi vedere dalla Cereda e restarci il tempo giusto per raccontarsi le reciproche novità: la fresca maestrina da una parte, dall'altra il futuro avvocato che lavorava come un matto.

«Hanno la vita davanti», aveva detto la Cereda. Era giovedì pomeriggio, non mancavano che pochi giorni a domenica.

9.

Con tutta evidenza la fresca maestrina aveva patito le fatiche dello studio e poi forse anche l'immobile mese di luglio, perché agli occhi di sua madre non sembrava molto fresca. Ad avere i soldi, ci sarebbe voluta una bella vacanza al mare o forse meglio ancora in montagna. Pur con la solita compostezza, aveva così benedetto dentro sé il ritorno da giù dei Camminatore. Non tanto dell'Assunta, con la quale poteva anche smettere di giocare ormai, del giovanotto piuttosto e delle domeniche dedicate a Vincenza. Quasi toccasse a lei uscire con Niccolò, la Cereda aveva atteso la terza domenica di agosto che si aprì con un cielo sgombro di nuvole e l'ormai solito commento musicale che usciva dalla finestra del Sofia.

Io che non vivo più di un'ora senza te...

Secondo il Fisima era un'ulteriore conferma che il dirimpettaio aveva trovato il moroso fisso: anzi, affermava di aver scorto una figura, maschile e che non era il Sofia, muoversi nella stanza di quello. Da che era tornato a casa il Cabrio aveva ripreso il comando: faceva un cazzo, dormiva fino a tardi e usciva dicendo che andava a cercare un lavoro. Per il figlio però, che qualcuno se lo prendesse a bottega o a fare l'apprendista di qualcosa. Il Fisima aspettava e sperava nella cattiva fama della famiglia.

Quando verso le dieci di quella domenica Vincenza non aveva ancora fatto la sua comparsa in cucina, la vedova Cereda entrò nella sua camera. Rita era a messa e apprese la novità verso le undici quando rientrò a casa.

«Non sta bene», le disse con una certa asprezza sua madre.

«Cos'ha?» chiese lei.

Cos'ha, cos'ha… Era debole, le girava un po' la testa, non aveva fame, non se la sentiva di alzarsi, forse aveva un po' di febbre, ma in quella casa non c'era nemmeno un termometro!

«Be', non sarà niente di grave», commentò Rita.

«Per te non c'è mai niente di grave», ribatté la Cereda astiosa.

«Mamma, capisco…» disse Rita.

Capiva?

Sì, Rita capiva.

Ma anche quel giovanotto avrebbe capito che non era la fine del mondo, no?

«No, non è la fine del mondo», ripeté la Cereda con un tono come se non fosse d'accordo.

Era solo la fine anticipata di una domenica che Niccolò aveva destinato a un chiarimento e che invece dovette rimandare di sette giorni.

10.

I

«Rema lei?» chiese Gino Ciccoli, custode del molo.

Per quanto grottesca, la sintesi che l'avvocato Spendace aveva fatto del suo lavoro, «pollai e lavandaie», rispecchiava bene la differenza rispetto a quello che lo studio lecchese trattava. A Niccolò c'erano voluti pochi giorni per comprenderlo e altrettanti per capire che se voleva diventare un avvocato con gli attributi quello era il posto giusto. Non solo per il lavoro, anche per allargare il suo giro di conoscenze, allo stato invero striminzito. Ma non doveva permettersi cali di tensione, distrazioni. Quanto prima avesse parlato con Vincenza tanto prima si sarebbe tolto il pensiero. Si concedeva di ragionarci solo quando era sul treno al mattino e alla sera quando rientrava. Non era tanto il discorso da fare, quello l'aveva già bello e pronto. Dove, piuttosto. Mica poteva farlo al cinema o al bar e nemmeno passeggiando sul lungolago… metti che ne scaturisse un litigio, si sapeva mai…

La faccenda di poter litigare sulla necessità di concedersi piena libertà affiorava nella mente del giovanotto la mattina mentre andava verso Lecco. Quasi mai invece alla sera quando faceva ritorno. Era un po' frutto della stanchezza cui però si aggiungeva il paesaggio che, subito oltre Lecco, si apriva sul lago e gli rubava lo sguardo, lasciandogli solo lo spazio di pensare, ammirandolo, a ciò che vedeva. Niccolò avvertiva proprio la sua mente pulirsi e farsi tutt'uno con quell'incanto di onde che sembravano andare verso il sonno, colori che parevano trattenere ancora un poco di caldo per chi avesse voluto approfittare degli ultimi giochi dell'estate.

L'idea di proporre a Vincenza una breve gita in barca era nata così. L'unica cosa che avrebbe potuto rovinare il suo piano era il tempo, se fosse cambiato. Ma, avvicinandosi il giorno, anche quella preoccupazione era svanita.

Niccolò si era alzato verso le undici e dalla finestra di cucina aveva preso atto della bella giornata che si prospettava.

Così bella che la stessa Cereda aveva azzardato un pensiero: se il giovanotto non si fosse fatto vivo per qualsivoglia ragione, lei in persona avrebbe preso sottobraccio Vincenza obbligandola a uscire e prendere un po' di aria. Diosanto, nel giro di un paio di settimane aveva messo su una faccia che la stessa Rita sembrava più florida! Mangiucchiava, rispondeva appena, nemmeno aveva voluto scendere con lei in sartoria per farle compagnia, preferendo stare in quella casa, a fare cosa? Aria e un bel discorso ci volevano, perché sua figlia doveva infine capire che la vita vera per lei stava per cominciare, gli anni migliori erano lì ad attenderla e non avrebbe dovuto sprecarne nemmeno un giorno. E se... se ciò che le dava pensiero era quel giovanotto, se di quello, ecco, non ne voleva sapere come aveva cominciato a sospettare vedendola così apatica, se ne doveva liberare. Altre occasioni non le sarebbero mancate, ma certo non le avrebbe trovate tra le mura di casa.

La Cereda aveva passato l'intera mattina a rimuginare quei pensieri, rafforzandosi nella convinzione di dover intervenire dopo aver chiesto a Vincenza come si sentisse e aver avuto in risposta un «Bene» tutt'altro che rassicurante. Era decisa e aveva sperato che il futuro avvocato non si facesse vivo così da lasciarle campo libero. Ma alle due spaccate il campanello di casa era squillato. Una mezza delusione per la Cereda. Solo mezza però, perché ormai era ben determinata e per il suo discorsetto avrebbe colto l'occasione di stare sola con lei in uno dei prossimi giorni.

Era lui?

Era lui, aveva confermato Rita.

Buon pomeriggio, aveva augurato la Cereda, in piedi, già pronta a raggiungere la sua camera dove avrebbe atteso il ritorno della figlia.

II

«Dico», ripeté il Ciccoli, «rema lei?»

Niccolò s'era tenuto la sorpresa. Aveva chiesto a Vincenza cosa le sarebbe piaciuto fare.

«Non so», aveva risposto lei.

Bene allora, aveva ribattuto, bene perché aveva pensato a qualcosa di diverso e solo una volta giunti al molo le aveva rivelato l'idea di fare un giro in barca.

Al pensiero, quel po' di nausea che da giorni la tormentava s'era fatta sentire con più forza.

Intanto Niccolò aveva chiesto al Ciccoli una barca a noleggio e s'era sentito porre quella domanda.

«In che senso?» ribatté Niccolò.

Il Ciccoli emise un mezzo sbuffo, in genere non sprecava parole.

«È capace di portare una barca?»

Per tutta risposta Niccolò si limitò a sorridere guardando Vincenza che si vide costretta a sorridere a sua volta dopo che lui la fissò.

Il Ciccoli guardò il lago appena mosso da un'arietta ancora calda.

«Crediamoci», sussurrò, indicò la barca e si predispose a spingerla in acqua. Poi, a braccia conserte, stette a guardare le manovre del giovanotto per uscire dal molo. Sì, tutto sommato ci sapeva fare e tornò a sedersi in panchina.

Meno male che agosto era ormai agli sgoccioli e anche per quell'anno avrebbe chiuso con la menata di noleggiare barche. Controllò l'ora, le due e mezza. Poi, tanto per avere una conferma, tornò a guardare verso il lago.

Il giovanotto remava benino, dovette ammettere, regolare, ben piantato sulle gambe, era già a un centinaio di metri dalla riva, la ragazza in prua. Sorrise tra sé. Gli era già capitato di beccare una coppia che a un certo punto spariva sul fondo della barca per un po'. Cosa facessero era facile da immaginare. Quei due però non gli davano l'impressione di essere così audaci, lei soprattutto, che era salita sulla barca quasi spaventata, smorta che…

Non si diceva però faccia smorta eccetera eccetera?

Il binocolo l'aveva sempre a portata di mano, mai dire mai.

Lasciò passare un quarto d'ora poi, binocolo in mano, tornò a controllare la barca. Era all'altezza occhio e croce del buco dell'Oca, uno dei punti più profondi del lago. Lì l'onda era più alta, bisognava forzare sui remi per evitare che la barca si abbandonasse alla corrente. Cosa che invece il rematore stava lasciando fare.

Che ci avesse visto giusto, pensò il Ciccoli, e di lì a un momento i due sparissero alla vista?

Una voce alle spalle lo distrasse.

«Allora?»

Il Ciccoli si girò.

«Uèi», disse, salutando il padre del Fisima. «Nostalgia?» sorrise il Ciccoli.

«Un po'», confermò il Cabrio che spesso, quando tirava vento e c'era da fissare le barche oppure quando faceva stratempo e il molo si riempiva di legna e non solo, ma soprattutto d'estate quando c'era traffico di gitanti e turisti, dava una mano al Ciccoli e così si metteva in tasca qualche cosa. Con le barche, sul lago il Cabrio ci sapeva fare. Quell'anno però, con la faccenda degli assegni a vuoto, la stagione gli era saltata. Aveva fatto le vacanze a spese dello stato.

«Qualcosa di bello?» chiese il Cabrio.

«Sto controllando due in barca», rispose.

«Cosa fanno?»

III

Se anche, per qualsivoglia motivo, Niccolò avesse deciso di rinviare ad altra occasione il giro in barca, compreso il discorsetto che aveva in mente di fare, grazie a sua madre avrebbe cambiato idea.

Assunta Sciacca s'era tenuta sulla punta della lingua quelle due parole per l'intera mattina. S'era morsa la lingua fino alle undici quando il figlio s'era alzato, aveva atteso che uscisse dalla bambola del sonno e poi dalla vasca da bagno dove c'era stato per un tempo infinito. Era andata che tra una cosa e l'altra era giunta a un limite oltre il quale non poteva più trattenersi. Quindi l'aveva sparata durante il pranzo.

«È guarita.»

Nessun dubbio sul soggetto, nemmeno sullo scopo della sua uscita.

Ci aveva pensato lei nel corso della settimana a passare dalla Cereda per raccogliere informazioni sulla salute di Vincenza.

Quando la domenica prima la stessa vedova aveva detto a Niccolò che sua figlia non stava bene, il giovanotto aveva fatto due passi indeciso su come impiegare il pomeriggio. Poi s'era infilato al cinema e una volta uscito, non avendo intenzione di tornare a casa così presto, aveva raggiunto la compagnia di suo padre al bar Roma.

Pure quell'oretta trascorsa nel fumo del locale, ascoltando chiacchiere di poco peso, l'aveva confermato nel desiderare altri orizzonti, niente nella sua vita doveva essere già dato per scontato. E la meraviglia della Sciacca nel vedere rientrare padre e figlio assieme si era subito risolta quando lui le aveva detto che la figlia della Cereda era ammalata.

Cosa aveva?

Boh, un po' di febbre, a quanto aveva capito.

Tutto lì, discorso chiuso. E visto che Niccolò nel corso della settimana aveva evitato con cura di fare cenno alla faccenda, s'era presa lei il compito di chiedere conto della salute di Vincenza.

«Cose di noi donne», era stata la risposta della Cereda. Anche la stanchezza dopo gli esami, quel mese di luglio che li aveva soffocati... Qualche giorno di riposo e sarebbe passato tutto.

Per quanto si ritenesse spavalda, la Sciacca non se l'era sentita di scendere in certi particolari con suo figlio. Le era bastato sentire che adesso la ragazza stava bene.

Insomma, era guarita.

Niccolò era stato lì per dire qualcosa di velenoso all'ennesima intromissione di sua madre ma s'era controllato. Non voleva discutere, innervosirsi e correre il rischio di essere poi brusco con Vincenza.

In fondo doveva solo parlare.

Anzi, dovevano.

IV

Cosa stavano facendo?

«Sembra che stiano parlando», aveva risposto il Ciccoli alla domanda del Cabrio.

Il giovanotto aveva mollato i remi in acqua e s'era seduto, la ragazza stava sempre in prua. La barca scarrocciava, la corrente la stava avvicinando alla puncia del Cane.

Il Ciccoli si staccò dal binocolo, lo passò al Cabrio.

«Devo pisciare», disse.

Glieli tenesse d'occhio lui un momento, fidarsi è bene ma...

Parlavano, è vero, constatò anche il Cabrio sorridendo. Di cosa, gli piaceva immaginarlo, sorridendo al pensiero... lontani da sguardi indiscreti, senza sospettare che qualcuno li teneva d'occhio con un binocolo...

Aspettava il momento in cui lui avrebbe fatto una mossa.

La fece la barca invece, un mezzo giro che obbligò Niccolò ad alzarsi e afferrare i remi per fermare quella strana giravolta e nell'istante in cui il giovanotto volse lo sguardo verso la riva alla sua destra...

«O cazzo!» gridò il Cabrio.

Le mani ad armeggiare attorno alla patta il Ciccoli stava uscendo dai cessi pubblici.

Non fece in tempo a chiedere cosa c'è.

«È caduta», gridò il Cabrio.

La ragazza forse per quel movimento della barca che l'aveva colta di sorpresa era caduta in acqua e...

«Gesucristo fammi vedere!» fece il Ciccoli strappandogli il binocolo.

Sotto gli occhi del custode, Niccolò s'era a sua volta buttato in acqua, la barca lasciata al capriccio della corrente...

«Via, subito», gridò il Ciccoli, «andiamo, dai.»

Ci mancava che quei due, anche uno solo gli annegassero, proprio l'ultima domenica di noleggio...

Il motoscafo era lì per quello. Non solo per portare in giro qualche piffero di città che voleva scoprire questo o quel posto ma anche per soccorrere certi lupi di mare che a un certo punto non sapevano più da che parte prendere.

V

La frazione di secondo in cui, una volta giratosi, vide la prua vuota parve a Niccolò un grido. Come se Vincenza avesse chiesto aiuto e lui l'avesse udita. Così l'avrebbe raccontata. Ma era pura illusione, perché la ragazza, approfittando del momento in cui lui non la guardava, s'era lasciata cadere nel lago. La nausea che era via via aumentata a causa del rollio della barca l'aveva sopraffatta allontanandola dalle parole che Niccolò continuava a snocciolare: la carriera, il futuro, loro due, conoscersi, non avere fretta, la libertà, erano giovani...

La nausea.

Non aveva emesso alcun grido.

Un'illusione cui si era sostituito lo sciacquio delle onde e la breva che s'era rinfrescata.

Il giovanotto aveva ancora il remo in mano quando aveva gridato il nome di Vincenza e poi, ma già lontano una ventina di metri, visto un braccio che usciva dall'acqua. S'era tuffato subito mentre il custode in compagnia del Cabrio usciva col motoscafo dal molo. Dopo due bracciate il giovanotto aveva già perduto il riferimento, il punto in cui poco prima aveva visto spuntare Vincenza. Si girò per guardare la barca, che spinta dalla corrente si stava allontanando sempre di più, e si sentì mancare il fiato. Riprese a nuotare in quell'acqua pesante, fredda e scura. Il suo pensiero non si fermava elaborando immagini imprecise e grida. Che avesse davvero udito quelle del Cabrio, bestemmie e indicazioni perlopiù, che in piedi sul motoscafo, già nudo e con le sole mutande addosso, aveva avvistato la ragazza riemergere dall'acqua, non avrebbe saputo dirlo. Con un'ultima imprecazione, mentre Vincenza spariva un'altra volta, l'uomo si tuffò e subito dopo si immerse per tornare in superficie con Vincenza tenuta con un braccio sotto le ascelle, l'altro a spingere per tenersi a galla. Il Ciccoli gli fu addosso in un amen, la prese e la issò a bordo.

«Com'è?» chiese.

«Respira, sembra svenuta», rispose il Cabrio ancora in acqua.

«Cristo!» proruppe il Ciccoli per il sollievo.

«Puoi dirlo», confermò il Cabrio issandosi sul motoscafo. Un minuto ancora e sarebbe diventata cibo per i pesci.

«Bisogna portarla subito in ospedale», disse il Ciccoli.

«E quell'altro fesso?» chiese il Cabrio.

11.

Sembrava che a parlare fosse l'ombra del professor Santamaria stante la luce soffusa che dopo le sette della sera illuminava il corridoio del reparto di medicina. E che ad ascoltarla fossero due altre ombre, una tozza, l'altra rigida, silenziose come dev'essere delle ombre.

Il Santamaria era appena uscito dalla camera numero sei, dove Vincenza era stata portata una volta giunta in ospedale. Ci era arrivata direttamente via lago, il custode non aveva voluto perdere tempo, tornare al molo, chiamare un'ambulanza...

«No, no», aveva detto al Cabrio quando questi gli aveva chiesto che intenzioni avesse.

Puntare sulla spiaggetta di lato all'hotel Meridiana, a due passi dall'ospedale. A pochi metri dalla riva s'era fermato per evitare che il motoscafo si incagliasse, era sceso e s'era fatto passare la ragazza. L'aveva portata così, in braccio, entrando nell'atrio gocciolando acqua di lago e lasciando tracce umide per terra.

C'era una suora nella saletta del pronto soccorso.

«Ha rischiato di annegare», disse col poco fiato che gli rimaneva.

Fin dal momento in cui era stata ripescata Vincenza non aveva fatto altro che tossicchiare e di tanto in tanto vomitare piccole quantità di acqua. Non aveva detto una parola che fosse una, né aperto gli occhi. Nemmeno li aveva aperti quando il Santamaria l'aveva visitata, né risposto alle sue domande. C'erano, sì, i segni di un principio di annegamento. Ma l'aspetto preminente era un forte stato di shock. Questo era ciò che il professore aveva appena detto alle due donne. Il rischio che aveva corso giustificava ampiamente il suo attuale stato di coscienza.

«Per questo», aggiunse, «è meglio se la lasciamo tranquilla. Non è in pericolo di vita, deve solo riposare. Domani vedremo e forse capiremo cos'è successo.»

Appunto, com'era potuto succedere?

Niccolò non aveva saputo spiegarlo né al Cabrio che l'aveva interrogato mentre attendevano il ritorno del Ciccoli né allo stesso custode del molo. Stavano solo parlando di cose loro, aveva detto, l'aveva persa di vista una frazione di secondo per via di quel brusco movimento della barca e Vincenza non era più seduta in prua come poco prima, tutto lì quello che poteva dire. Avevano forse litigato?

«No», aveva risposto con sicurezza.

Avevano solo parlato, tranquilli, quante volte doveva dirlo? Poi era successo quello che ormai verso sera tutto il paese sapeva.

12.

Be', il lago è infido, basta un attimo di distrazione e...

Lunedì mattina il Cabrio si godeva il suo momento di gloria, ricordando quando, più giovane, era tra i pochi che riuscivano a partire dalla Puncia e raggiungere la riva di Dervio senza mai fermarsi. Ganassate di una ventina di anni prima più o meno, durante le quali qualcuno che lo aveva voluto sfidare aveva rischiato di fare una brutta fine. Bisognava conoscerlo il lago, le sue insidie.

«Meglio starlo a guardare dalla riva sennò.»

Basta un niente perché ti prenda e ti tenga sotto, dov'è buio che nemmeno te lo puoi immaginare. Un buio che è appena lì, giusto una spanna o due dalla superficie, dove capisci che non potrai più camminare, ridere o parlare. Dove non hai più un corpo su cui contare. E gli occhi? Qualcuno aveva mai visto gli occhi di un annegato? Guardano come se vedessero ancora il cielo ma è acqua quella che li bagna e sembra che piangano. E anche se ti restituisce com'era successo con quella ragazza il giorno prima, il lago ti lascia dentro una paura dalla quale non ti puoi più liberare.

Fino dall'alba un annuncio di vento aveva spinto il cielo più lontano, abbassato la temperatura di qualche grado. Il calendario è solo un pezzo di carta, l'estate comincia a finire nell'arco di una notte.

Rita si era svegliata che ancora era buio ed era entrata nella camera della madre per controllare come stesse. Era stata lei il giorno prima a ricevere la notizia dell'accaduto, il Cabrio in persona gliel'aveva portata dopo che col Ciccoli avevano recuperato la barca prima che andasse a fracassarsi da qualche parte. La Cereda non aveva voluto che l'accompagnasse in ospedale e una volta lì ci aveva già trovato l'Assunta che si era precipitata a dirle di non sapere come potesse essere successo. Niccolò glielo aveva detto e ridetto, una frazione di secondo, forse un'onda di traverso...

«Va bene», aveva risposto, ed erano state le uniche parole che le erano uscite di bocca. Anche dopo, dopo che il Santamaria aveva parlato con entrambe, quando erano uscite dall'ospedale per tornare a casa, l'Assunta davanti che percepiva un inspiegabile senso di colpa, la Cereda dietro come un'accusa silenziosa e che non aveva nemmeno salutato quando era giunta all'altezza di casa e aveva attraversato la strada per infilarsi in contrada.

Due parole alla figlia e poi si era messa a letto. S'era chiusa nel buio della sua camera ma incapace di dormire, sfinita da quella disgrazia sfiorata, preda di una disordinata malinconia a rivangare nel suo passato dove vedeva sempre, solo macerie: una confusione di giorni ammucchiati, mesi e anni buttati alle spalle, tempo volato via senza alcun controllo. Né volle alzarsi al mattino quando Rita glielo chiese e nemmeno mangiare qualcosa: che la lasciasse sola piuttosto, ancora, fino a che non avesse ritrovato un po' di pace, un filo di serenità, quella che le sarebbe servita per tornare a guardare senza rughe il volto della sua figlia prediletta. Così che quando si approssimava l'ora delle visite Rita, entrata di soppiatto nella sua camera, la trovò addormentata. Non si chiese nemmeno se fosse il caso di svegliarla. Si avviò da sola, sperando di non trovare curiosi lungo la strada.

13.

Rosvaldo Camminatore domenica aveva cercato di sdrammatizzare la situazione. Infine, aveva detto quando ormai era sera, con un tono che non ammetteva repliche, erano cose che potevano capitare, tutto è bene quel che finisce bene. E per il futuro, se volevano fare una gitarella l'avrebbero fatta sulla terraferma.

Quando Niccolò era tornato a casa, zuppo e a piedi nudi visto che le scarpe erano rimaste sulla barca, sua madre stava pisolando seduta al tavolo di cucina, con un ronzio di radio in sottofondo. Non era proprio addormentata, vagava in pensieri inconclusi, uno si attaccava all'altro senza logica, il viso di un parente di giù diventava la voce di un ambulante del mercato e poi subito le foglie ammucchiate dal vento sul viale del lungolago e via così. In quel torpore aveva percepito la porta di casa aprirsi e chiudersi ma poteva essere l'ennesimo rumore immaginario. Niccolò invece le era comparso davanti conscio di come fosse conciato. Non le aveva dato il tempo di parlare.

«Non è successo niente», le aveva detto.

Poi: «Ascolta», e le aveva raccontato l'accaduto.

Quindi le aveva raccomandato di stare calma, lui stava bene, Vincenza era in ospedale ma non era in pericolo. Non sapeva come potesse essere successo, non sapeva spiegarselo e...

Tutt'a un tratto, come se qualcosa avesse ceduto, il giovanotto aveva cominciato a tremare e l'Assunta, senza capire come potesse continuare ad avere pensieri che la portavano a spasso ovunque senza darle tregua, aveva abbracciato il figlio, i suoi vestiti bagnati. Poco importava che la sopravanzasse di una testa e oltre, tra le braccia sentiva il bambino che era stato e che adesso aveva bisogno delle cure di una madre. Doveva asciugarsi, cambiarsi, magari bere qualcosa di forte. Parlare di quello che era successo, gli avrebbe fatto bene.

«Non lo so», aveva continuato a ripetere Niccolò.

Rosvaldo era rientrato ben prima del suo solito orario, certe notizie corrono, qualcuno era arrivato al bar Roma e aveva riferito dell'incidente, aveva capito al volo quando aveva sentito fare il nome della figlia della Cereda. S'era trovato di fronte il figlio rivestito, asciutto. Non quello di poche ore prima però, non quel volto tranquillo e sicuro, né lo sguardo sereno, ma non sapeva quanto il lago riesce a segnarti. Aveva chiesto una sola volta come fosse potuto accadere e non aveva più insistito dopo che Niccolò aveva ancora risposto: «Non lo so».

L'Assunta aveva raccomandato al marito di non muoversi, stare lì col figlio mentre lei usciva per andare in ospedale.

Una volta tornata a casa avrebbe voluto scaricarsi del peso che le era rimasto dentro, l'impressione della corsia d'ospedale dove tutto pareva ombra, il silenzio della Cereda, il buio indifferente del lago.

Ma Rosvaldo aveva voluto tagliare corto: certo i due avevano corso un bel rischio ma visto com'erano andate le cose bisognava ringraziare il cielo e non perdersi in fantasie.

La cosa migliore in quei casi era lasciarsi alle spalle l'accaduto, il tempo avrebbe ricomposto ogni cosa.

14.

Il vento sa rendere inquieti. Ha un vocabolario che conosce solo lui, parole che giungono da un futuro non troppo lontano, dalla stagione in arrivo. Sono messaggi, enigmi che prima o poi si risolvono da sé. E si inquieta chi li ascolta e non riesce a intenderli, incerto su come e quando ne capirà la portata. Certo quello che s'era levato al mattino e con un progressivo avanzare s'era rafforzato nel pomeriggio prometteva di durare.

Nell'atrio dell'ospedale Rita si era fermata un istante per sistemarsi i capelli che una scuffia decisa, proprio in prossimità della spiaggetta dove il giorno prima il motoscafo aveva scaricato sua sorella, l'aveva colpita quasi facendola dondolare.

L'impiegata del centralino l'aveva appena guardata e poi dato un'occhiata all'orologio a muro che le stava di fronte. Non mancavano che pochi minuti alle quattro, inutile stare a fare la precisina. Aveva distolto gli occhi mentre Rita aveva cominciato a salire lenta verso il primo piano, il reparto di medicina.

La camera?

«Numero sei», le indicò un'infermiera.

Aveva già la mano sulla maniglia quando una voce alle sue spalle la fermò.

«Permette?»

Prima ancora di girarsi, Rita fu certa che era la voce di una suora, ne conosceva una certa inflessione, come fossero sempre in preghiera.

Suor Nunzia, che sovrintendeva all'attività infermieristica del reparto, le si avvicinò.

«Lei è?» chiese.

«Buongiorno madre, sono la sorella», rispose Rita.

La religiosa sbatté le palpebre un paio di volte.

«Il professore desidererebbe parlare con qualcuno della famiglia», comunicò suor Nunzia.

Rita esitò, poi si decise a chiedere.

«C'è qualcosa di grave?»

«Non so altro», rispose suor Nunzia.

«E…»

«L'accompagno», interloquì la suora appoggiando una mano sul braccio di Rita.

Lo studio del Santamaria stava all'ingresso del reparto, sulla sinistra.

«Aspetti un istante, avviso il professore», disse infine suor Nunzia.

Una volta entrata e chiusasi la porta alle spalle passarono un paio di minuti. Un tempo lungo per Rita che si chiedeva cosa potesse essere successo. Altrettanto lungo per il Santamaria che rifletté un po', avrebbe preferito parlare con la madre. Era un peso anche per lui dare certe notizie. Infine si decise a ricevere Rita che lo interrogò con lo sguardo. Il Santamaria fece un piccolo movimento col capo, come volesse spingere le parole a uscire di bocca, infine parlò. Sua sorella se la sarebbe cavata, era solo ancora un po' scombussolata, niente di che.

Ma: «Eravate al corrente in famiglia che la signorina è in stato di gravidanza?» chiese un po' brusco per mascherare il disagio.

Un paio di mesi, occhio e croce.

15.

I

Lo sguardo di Rita andò oltre i contorni del professore, dalla finestra alle sue spalle si fissò sulla montagna di fronte che ancora tratteneva i colori dell'estate. Pensò alle foglie aggrappate ai rami che per il momento non avrebbero ceduto al vento: era qualcosa di simile alla condizione di Vincenza.

La voce del Santamaria la riscosse. Non aveva avuto bisogno di parole per capire che nessuno ne era al corrente.

«Cosa pensa di fare?» chiese.

Una frase così, forse stupida, utile solo a rompere il silenzio.

Lo sguardo di Rita tornò sul volto del professore, sulle sue labbra che si mossero appena per dire qualcos'altro quando un bussare discreto alla porta sembrò riportare il tempo nello studio. Il Santamaria disse: «Avanti».

Suor Nunzia si fece appena sulla porta per chiedere se poteva seguirlo nella camera di un'altra ricoverata.

Erano ormai le quattro e mezza. Fino a quel momento Vincenza non aveva fatto altro che fissare la porta della sua camera in attesa che vi comparisse la madre. Avrebbe detto qualcosa? O si sarebbe limitata a guardarla muta per poi girarsi e andarsene?

Nella tarda mattinata il professore l'aveva visitata, le aveva fatto domande. Poi aveva chiesto alla suora che l'accompagnava di lasciarlo solo con lei: Vincenza aveva capito che di lì a poco il suo segreto non sarebbe stato più tale. Per qualche ora ancora sarebbe rimasto chiuso tra le mura della stanza d'ospedale. Ma il professore era stato chiaro, era suo preciso dovere informare la famiglia e lo avrebbe fatto. Poi sarebbe toccato a lei chiarire il resto.

«Mi capisce?» aveva chiesto.

Vincenza aveva appena fatto un cenno col capo.

«Domani sarà in grado di tornare a casa», aveva comunicato il Santamaria.

Quando vide comparire sua sorella, Vincenza capì che sapeva.

«La mamma?» chiese.

Rita si chiuse la porta alle spalle. Aveva quel nome sulla punta della lingua, già nello studio del professore aveva pensato a lui, quello dei pantaloni, Niccolò, il futuro avvocato. Ma Vincenza le aveva chiesto di sedersi.

«Qui, vicino a me.»

La mano di sua sorella batté un paio di volte sul bordo del letto, un gesto che Rita avrebbe spesso rivisto negli anni a venire.

II

Il racconto di Vincenza era stato lineare, atono.

Una frase dopo l'altra Rita, di ritorno verso casa, ne risentiva i passaggi e alle sue parole di tanto in tanto si sovrapponevano immagini.

Il sole alto nel cielo, il porfido di via Roma che riluceva, il volto bello dell'altra sorella, quando l'aveva guardato quella domenica e le era sembrata ancora più bella di Vincenza. Quella domenica, quella di *In ginocchio da te*. La domenica in cui il muratore era tornato dopo un mese e mezzo di assenza.

16.

Doveva studiare, è vero, quella domenica. Ma una volta uscite le sue due sorelle aveva cincischiato un po', in attesa che gliene venisse voglia come se quella potesse cadere dal cielo o dal soffitto della cucina. Quando aveva sentito suonare al campanello di casa aveva subito pensato a Niccolò, con un senso di fastidio e di sollievo insieme. S'era detta: "Ecco, gli è saltato l'appuntamento e ha la bella pretesa di trovarmi in casa, pronta a uscire con lui!". Non s'era immaginato che magari se la potesse godere comunque la domenica anche se era sola? Ma subito, la fantasia della sua amica Selene come se fosse lì con lei, aveva pensato che fosse l'occasione buona per fare quel certo discorsetto che da tempo rimuginava. Pensieri che erano subito svaniti quando giù in strada aveva visto il marito di sua sorella. Dopo essersi guardati per un po', lei per prima aveva parlato, gli aveva detto che Lirina non era in casa, era uscita con Rita. Non aveva parlato di cinema, né che la loro madre era in ospedale. Lui allora le aveva chiesto se poteva aspettarla.

«Gli ho risposto che non sapevo a che ora sarebbe rientrata», aveva raccontato Vincenza.

Ma lui…

«Lui cosa?» aveva chiesto Rita.

Ecco, lui aveva tirato fuori da una tasca dei pantaloni una busta. Era la paga quasi intera del primo mese di lavoro. L'aveva portata per lasciarla a sua moglie, un segno di buona volontà, di cambiamento, così che perlomeno potesse tornare a casa, mantenersi senza pesare su di loro. A quel punto... a quel punto Vincenza aveva sentito rumore di persiane, curiosi che forse stavano orecchiando quello che si dicevano, c'era anche gente che stava passando.

«Quella sera ho detto a cena che sono scesa a prendere la busta», aveva mormorato Vincenza.

Invece l'aveva fatto salire.

Una volta entrato, il Damato aveva subito messo la busta sul tavolo.

Lei s'era seduta davanti al libro aperto, la matita in mano per fargli intendere che doveva studiare.

Lui le aveva chiesto degli esami ma forse non aveva nemmeno ascoltato la sua risposta. S'era guardato intorno, aveva emesso una specie di singhiozzo e poi s'era seduto e aveva cominciato a parlare.

«Aveva sperato di vedere Lirina anche solo per pochi minuti», aveva proseguito Vincenza.

Era andato lì per dirle che aveva dato un taglio netto con la vita di prima, per chiederle fiducia, di ricominciare da capo di lì a due mesi una volta tornato a casa: si sarebbe cercato un lavoro, qualunque lavoro pur di rimanere e cancellare tutto quello che era successo.

«Mi ricordo i tocchi del campanile», aveva quasi sorriso Vincenza.

Tre rapidi tocchi subito svaniti nel silenzio, le tre. Il muratore s'era alzato, lei pure avvicinandosi per accompagnarlo alla porta. Gli aveva visto gli occhi lucidi come se stesse per piangere. Gli aveva detto su, vedrai, mettendogli una mano sulla spalla.

Diglielo tu, le aveva chiesto. Poi con un gesto improvviso l'aveva abbracciata e aveva cominciato a singhiozzare.

«Non sapevo cosa fare», aveva detto Vincenza.

L'aveva accarezzato sulla nuca come si fa coi bambini ma quel corpo così stretto al suo le aveva dato una strana sensazione, una confusione, qualcosa di mai provato. Ricordava l'alito caldo del muratore sul collo, le braccia che continuavano a stringere.

«Non ricordo di essere mai stata abbracciata in casa nostra», aveva detto Vincenza.

Non ricordava abbracci di sorta.

Il suo corpo ci si era perso, così come quello del muratore che cercava altrettanto.

Vincenza aveva taciuto per un po' pensando a quando lui si era staccato, le aveva preso il viso tra le mani e lei allora aveva chiuso gli occhi e senza aprirli l'aveva riabbracciato per risentire quel calore di corpo che l'aveva disorientata. Difficile dire di più, il resto era venuto senza parole.

«Anche dopo», aveva concluso Vincenza.

S'erano solo guardati.

Spaventati, increduli, consci di ciò che era successo? Il silenzio li aveva sopraffatti.

Lui si era sistemato i capelli scomposti, se n'era andato. Lei aveva eliminato le tracce, quel poco sangue che aveva perso. Non fosse stato per quel piccolo dolore che avvertiva avrebbe potuto dire di aver sognato.

17.

Adesso era adesso. Il vento parlava, era forte, irruento, e confondeva. Domani era un pensiero impreciso.

Domani forse.

La casa invece era adesso, era sua madre, era Rita, una di fronte all'altra, quella luce della cucina che faticava a illuminare gli angoli.

Domani chissà.

Rita aveva accolto col silenzio le ultime parole di sua sorella, né Vincenza aveva aggiunto altro se non a un certo punto l'invito ad andare.

Rita invece era rimasta lì, seduta ai piedi del letto, chiedendosi se fosse stato un puro caso il sonno di sua madre proprio quel pomeriggio oppure il destino avesse scelto lei per ricevere quel peso; l'ennesimo della sua vita, non poté fare a meno di considerare.

Quando si alzò, rendendosi conto che l'orario di visita era ormai prossimo alla fine, avrebbe voluto dire qualcosa ma si limitò ad accarezzare la sorella.

Vincenza la lasciò uscire dalla camera e subito dopo si avviò lungo il corridoio. Passò oltre la saletta delle medicazioni e si fermò davanti a una finestra che dava sulla strada, proprio sopra l'ingresso dell'ospedale.

Rita uscì poco dopo inconsapevole che la sorella la stava guardando, contando i passi faticosi con i quali scendeva i pochi gradini della scala di accesso.

Lo sguardo di Vincenza era ipnotizzato da quella figuretta storta che si muoveva lungo il marciapiede e rimase tale e quale, fisso sulla strada vuota anche dopo quando, superata la curva, Rita scomparve alla sua vista. Poteva comunque vederla col suo passo sbilenco procedere lenta fino a raggiungere la porta di casa, il cuore, come il suo, che batteva più forte, e non solo per la fatica.

Un'inserviente, passando, le disse che stavano distribuendo la cena. Fu quella parola così pratica, quella necessità così quotidiana a vincere la confusione del vento. Domani non fu più un pensiero impreciso e la cena fu casa, fu sua madre e fu Rita. E poi quello dei pantaloni, i dischi del Sofia, quella domenica, il sangue, la gita in barca, le belle parole di Niccolò, quelle stesse che anche lei avrebbe voluto dire.

La camera odorava di minestra di riso, fredda ormai quando il rosario serale si diffuse in corsia. Terminata la preghiera Vincenza si alzò e uscì in corridoio per ritornare alla finestra sopra l'ingresso dell'ospedale. Ripensava a Rita, al suo passo zoppicante, all'ultima immagine di lei, di schiena, prima che scomparisse oltre la curva. L'aveva così ben precisa nel pensiero che era certa di poterla rivedere, immaginare ancora una volta, nonostante il buio ormai calato e il vento.

Aprì la finestra mentre ripensava a Rita. Nessuno avrebbe potuto impedirglielo, nessuno l'avrebbe ripescata quella sera mentre andava incontro a suo modo alla più bella stagione della vita.

Bastava sporgersi. Non c'era altro modo per affrontare il domani che era appena dietro quella curva, le enigmatiche parole del vento, la gamba zoppa di sua sorella, gli occhi di sua madre.

Con un balzo salì sulla finestra e si lasciò cadere giù sui gradini dell'ingresso.

Un botto che per primo avvertì l'addetto del turno di notte al centralino, chiedendosi cosa diavolo fosse stato e uscendo dal suo gabbiotto per andare a vedere.

EPILOGO

Un fazzoletto.

«Un fazzoletto individuato dall'addetto al centralino sulla scala d'accesso all'ospedale Umberto I di Bellano e mostrato ai carabinieri subito accorsi lascia supporre che la morte di Vincenza Cereda di anni diciotto, avvenuta nella tarda serata di lunedì 23 agosto, sia da attribuire a una fatalità. La giovane, che nella giornata di domenica era stata ricoverata dopo un'accidentale caduta nel lago rischiando di annegare, potrebbe aver tentato di recuperarlo dopo esserselo lasciato sfuggire di mano e, sportasi oltre il limite, forse colta da una vertigine, non avrebbe più avuto possibilità di opporsi al tragico volo. Fresca di diploma magistrale, la ragazza...»

Così scrive il quotidiano locale. Ma un giornale, passate poche ore, è già cosa vecchia. È anche un po' stropicciato tra le mani del Cabrio, seduto a un tavolo dell'osteria del Ponte. Morto per morto, ha mormorato, è meglio diventare cibo per i pesci piuttosto che farsi mangiare dai vermi.

Nessuno l'ha sentito, è l'ora stanca del primo pomeriggio, sono le tre, anche i muri dell'osteria tirano il fiato. Le campane che chiamano per il funerale hanno buon gioco nell'aria. Il prevosto ha guardato la piazza della chiesa fin dalle prime luci dell'alba pensando a ciò che dirà durante la cerimonia: sembra ingiusto, insensato che una giovane vita si spenga proprio mentre si sta aprendo alla vita stessa, alla sua stagione più bella. Ma i disegni, i disegni divini... E ha levato gli occhi verso il primo chiarore del giorno per non abbassarli più sulla piazza che adesso è già in ombra per una buona parte e lo sarà ancora di più al termine della cerimonia quando la luce di fine estate si prepara a declinare un tramonto che nella sua magnificenza fa stringere il cuore.

È il momento dell'addio all'ennesimo giorno, a un segreto che Rita seppellisce insieme con la sorella, la bugia che ha inventato sotto lo sguardo impietrito di sua madre, dopo averle detto che il futuro avvocato non c'entra, Vincenza glielo ha giurato.

«E allora chi?»

«Non lo so.»

Non è vero ma Rita ha dovuto mentire, fingere così, fingere che Vincenza le abbia detto di voler rimanere sola, senza più parlare, chiudendo gli occhi come li ha chiusi anche sua madre restando a lungo seduta in silenzio fino a quando qualcuno ha suonato alla porta per dire dell'accaduto.

Domande e bugie adesso sono coperte di terra.

Niccolò ignora la verità, è incredulo, ha indossato il vestito della laurea, sua madre gli è stata appesa al braccio scendendo la scalinata dal cimitero, a distanza di pochi scalini da Rita ed Elena Fulgenzi. C'è un momento di stallo una volta raggiunta la piazza della chiesa ormai tutta in ombra, le strade delle due coppie lì si dividono. Ci vogliono parole, l'Assunta non ne conosce molte, Niccolò magari potrebbe aiutarla ma la vedova Cereda pianta loro in viso uno sguardo impassibile. Rita teme qualcosa, le parole di un dolore troppo crudo, la rabbia accumulata lungo una vita difficile. Il silenzio invece resiste e accompagna il congedo.

È Niccolò che adesso prende sottobraccio sua madre con in testa un nugolo di pensieri confusi, intrecciati, dai quali ne emerge un primo magari un po' sciocco ma preciso come se da quello debba ricominciare: mai più indosserà quel vestito. Resterà appeso nell'armadio di casa, di tanto in tanto l'Assunta andrà a guardarselo, perdendosi nel sogno del figlio all'altare, e in altri ancora che resteranno tali.

Rita invece cammina di lato a sua madre e quando imbocca via Manzoni non vorrebbe vedere il cartello «Chiuso per lutto» sulla porta della sartoria. La finestra di casa è illuminata, Lirina non ha preso parte al funerale, straziata com'è proprio dai suoi eccessi. Eppure è riuscita a preparare una minestra per loro due che tornano ma che rimane sul fornello. Nessuno ha fame, c'è la prima di chissà quante notti difficili da affrontare e la luce di chissà quanti giorni.

A proposito, per quanto resterà chiusa la sartoria?

Ma anche, riaprirà oppure...

Il cartello si stacca dopo alcuni giorni, lo raccoglie una mattina lo spazzino ma non sa cosa farne. Buttarlo gli sembra irrispettoso allora lo piega e lo infila nella buca delle lettere della famiglia Cereda. Poi riprende a spazzare la contrada, fischiettando, rispondendo ai saluti della gente che va e viene lungo via Manzoni, quel fermento di vita che si placa solo la domenica, quando cala il silenzio, non fosse per il Sofia e la sua mania di sentire canzoni ad alto volume, con le finestre aperte. Che almeno fossero canzoni un po' belle e non quasi sempre quelle menate che parlano di amore amore e amore...

Come quella domenica quando c'è una che canta: *Io ti chiedo i tuoi anni più belli e non ho niente da donarti solamente il mio amore...*

«Cambia disco, Sofia!» grida il Fisima.

Ma non c'è niente da fare, portata in giro dal vento che ne distorce i suoni e le parole la canzone va avanti.

I personaggi di *La gita in barchetta*

Albenghi Sebastiano, proprietario dell'impresa edile in cui lavora Loreto Damato

Barbujani Antigono, notaio bellanese

Benaccorti, maresciallo dei carabinieri di Bellano

Benelli Velia, moglie del pizzicagnolo Benelli

Benelli, pizzicagnolo e grancassa del corpo musicale di Bellano

Beregini Pericleta, maestra in pensione, sin dalla fine degli anni Quaranta è membro della giunta bellanese in qualità di assessore alla Cultura e tempo libero con delega per l'assistenza agli indigenti

Biavaschi, seppellitore presso il cimitero di Bellano

Boni Celletti Giorgio, segretario comunale di Bellano, ragioniere cinquantenne, gioviale e dal modo di parlare sincopato

Brocchi Maria Pia, proprietaria della casa locata a Elena Fulgenzi, vedova Cereda

Buboli Spinetta, bellanese dal naso fino, qualità che secondo il dottor Lonati ha salvato la pelle ad Annibale Carretta

Buonigiacomo Ermes, unico figlio di ragioniere di banca, a causa di una scommessa avventata con gli amici del bar su Elena Fulgenzi rischia di finire davanti ai carabinieri

Cabrio, padre del Fisima, galeotto in quanto emettitore di assegni a vuoto

Cadregari, preside dell'istituto Luigi Vitali di Bellano

Caleio, padre di Celsa

Camminatore Niccolò, figlio di Assunta Sciacca e Rosvaldo Camminatore, brillante studente prossimo alla laurea in giurisprudenza

Camminatore Rosvaldo, marito di Assunta Sciacca e padre di Niccolò , un tempo manovale delle ferrovie e attualmente operaio presso la società elettrica Orobica

Carretta Annibale, ciabattino, nato strusciatore di donne si sposa con Celsa nel tentativo di dare una nuova immagine di sé, perde una gamba a causa di un diabete mai curato e riceve assistenza da Rita Cereda fino alla di lui morte

Carretta Celsa, moglie di Annibale Carretta e madre di Oscar, affetta da mal caduco fin dalla giovane età, grazie a una terapia del dottor Lonati riesce a tenere a bada le crisi fino alla morte sopraggiunta nell'ottobre 1962

Carretta Eumeo, calzolaio, vedovo e padre di Annibale, muore nel 1926 portandosi nella tomba i segreti della sua arte e la stima della clientela

Carretta Oscar, unico figlio di Celsa e Annibale Carretta, dopo aver lasciato Bellano all'età di diciotto anni per unirsi a una compagnia di muratori cottimisti si stabilisce infine a Vicoforte, in provincia di Cuneo

Casarillo, avvocato di Lecco, compagno di università dell'avvocato Spendace

Casetti, sciora, moglie del gestore del bar Roma di Bellano

Cereda Lirina, figlia primogenita di Elena e Venanzio Cereda, moglie di Loreto Damato

Cereda Rita, figlia secondogenita di Elena e Venanzio Cereda, affetta fin dalla nascita da una displasia dell'anca che in terza elementare le ha procurato il soprannome di Scionca

Cereda Venanzio, operaio presso il cotonificio di Bellano e defunto marito di Elena Fulgenzi

Cereda Vincenza, figlia terzogenita di Elena e Venanzio Cereda, bella come lo era stata la madre in gioventù e prossima a raggiungere il traguardo del diploma magistrale

Cetta, amica d'infanzia di Assunta Sciacca

Ciccoli Gino, custode del molo di Bellano

Codicetti Crisante, vedova settantaduenne di Albino Insanabile

Cuchina, madre del Fisima, mantiene la famiglia vendendo porta a porta calze, mutande e fazzoletti

Cucio, muratore in Canton Ticino

Damato Loreto, muratore, marito di Lirina Cereda, affezzionato al fiasco del vino e alla vita disordinata

Depetri, maresciallo in servizio presso la caserma di Bellano nel 1924

Doriani, professore di lettere classiche in pensione, vive con la moglie al primo piano dello stabile in cui è locato Calogero Pizzuti

Durini, geometra, guida la squadra di muratori in cui lavora Loreto Damato

Filipetto Fiorella, membro anziano dell'associazione San Vincenzo

Fisima, dirimpettaio di Gioele Marinati, figlio ventenne e disoccupato del Cabrio e di Cuchina

Fulgenzi Elena in Cereda, vedova di Venanzio Cereda, madre di Lirina, Rita e Vincenza, sarta a domicilio e in seguito proprietaria di una sartoria

Fumagalli Attilio, sindaco di Bellano negli anni Quaranta, noto come Sindacone per via della sua stazza, morto la notte della vigilia di Natale del 1949

Genepì, tuttofare dell'associazione San Vincenzo

Gepode Leonardo, novello pensionato dalla lingua vivace attualmente impegnato nel ramo immobiliare

Gino, panettiere di Bellano

Gognini Cosma, coadiutore del prevosto di Bellano, in seguito trasferito a Rocca San Giovanni

Grassi Testarea, membro anziano dell'associazione San Vincenzo

Insanabile Albino, avvocato civilista, defunto marito di Crisante Codicetti

Invitti Demetrio, direttore sanitario dell'ospedale Umberto I di Bellano

La Fiorita Vincenzo, siciliano, ex ferroviere, amico e collega di Rosvaldo Camminatore

Leucotea, scavata segretaria del notaio bellanese Antigono Barbujani

Linguina, donna delle pulizie presso la casa di tolleranza di Lecco nel 1924

Lisca Maria, zitella lecchese, proprietaria della stanza locata a Calogero Pizzuti

Lonati, medico condotto di Bellano

Luisago Ornella, presidentessa delle dame della San Vincenzo e proprietaria di un negozio di stoffe a Bellano che odora di sagrestia

Mariano Cardo, promesso sposo di Celsa che se la dà a gambe il giorno delle nozze

Mariano Giubilia, madre di Cardo

Marinati Gioele, detto Sofia, quarant'anni, operaio presso il vellutificio Sempione di Mandello del Lario, passa le domeniche chiuso in casa ad ascoltare canzonette

Marinera, serva di casa dell'avvocato Spendace

Miralaghi Siluetta, ex presidentessa delle dame della San Vincenzo

Mirandolino, muratore bellanese, socio di Sario Ortiga

Missili, carabiniere scelto in servizio presso la caserma di Bellano

Natalina, suora in servizio presso l'ospedale Umberto I di Bellano incaricata di affiancare Rita Cereda nella cura di Annibale Carretta

Nunzia, suora, sovrintendente delle infermiere del reparto di medicina dell'ospedale Umberto I di Bellano

Obinati, capufficio del comune di Bellano

Ortiga Sario, detto Piaga, muratore bellanese

Ottomini, messo comunale di Bellano

Ovarola, tuttofare dell'associazione San Vincenzo

Palèta Enea, bellanese con inclinazioni nudiste

Pedemontani, sindaco di Bellano

Piravanti, farmacista di Bellano

Pistolesi Fringio, manovale bellanese

Pistolesi Virna, sorella di Fringio

Pizzuti Calogero, agente scelto della polizia ferroviaria in servizio presso la stazione di Lecco, cugino di Gaetano Santomare

Prati Seminella, moglie del gestore del Circolo dei lavoratori di Bellano

Prinivelli Levanzia, coiffeuse, titolare del negozio Ricci e capricci di Bellano

Protasi Cirietta, figlia del gestore della trattoria del Cantinone e testimone di nozze di Lirina Cereda

Regola Attilio, conte, alla cui memoria è dedicata la scuola di ballo di Bellano sita in via Manzoni

Sansottini, gestore dell'omonimo negozio di alimentari di Bellano

Santamaria Aurelio, medico di pronto soccorso presso l'ospedale Umberto I di Bellano

Santomare Gaetano, casellante salernitano, amico di Rosvaldo Camminatore

Sciacca Animina, figlia di Calogero e Rosaria Sciacca e sorella di Assunta

Sciacca Assunta, siciliana di Aci Catena, figlia di Calogero Sciacca, moglie di Rosvaldo Camminatore e madre di Niccolò

Sciacca Calogero, allevatore e produttore di limoni verdello, marito di Rosaria e padre di Assunta e Animina

Sciacca Rosaria, moglie di Calogero Sciacca e madre di Assunta

Serecordi, notaio di Bellano

Sigonini Ampella, impiegata addetta all'anagrafe presso l'ufficio comunale di Bellano

Spendace, avvocato di Bellano, vedovo sessantacinquenne sul quale circolano voci di malattia

Strizzolo, architetto di Bellano

Stupari Giovannone, habitué della casa di tolleranza di Lecco negli anni Venti

Trotta, suora cuciniera dell'asilo Tommaso Grossi di Bellano

Venosta Giobatta, responsabile di una rivista di studi boldoniani, membro anziano del consiglio dei fabbriceri, integerrimo moralista nonché fanatico ammiratore del duca d'Aosta

Venosta Stranita, levatrice, moglie di Giobatta

Verati Selene, compagna di classe di Vincenza Cereda

Verati, famiglia lecchese che vive al secondo piano dello stabile in cui è locato Calogero Pizzuti

Verolafava, capostazione di Bellano

Versalia, dalmata immigrata a Bellano con marito e figli, ammirata in paese per i suoi occhi luminosi e la coscia lunga

Vinazzoli, appuntato presso la tenenza di Lecco nel 1924

Dal catalogo
Garzanti

Andrea Vitali

A CANTARE FU IL CANE

La quiete della notte tra il 16 e il 17 luglio 1937 viene turbata a Bellano da un grido di donna. Trattasi di Emerita Diachini in Panicarli, che urla «Al ladro! Al ladro!» perché ha visto un'ombra sospetta muoversi tra i muri di via Manzoni. E in effetti un balordo viene poi rocambolescamente acciuffato dalla guardia notturna Romeo Giudici. È Serafino Caiazzi, noto alle cronache del paese per altri piccoli reati finiti in niente soprattutto per le sue incapacità criminali. Chiaro che il ladro è lui, chi altri? Ma al maresciallo Maccadò servono prove, mica bastano le voci di contrada e la fama scalcinata del presunto reo. Ergo, scattano le indagini. Prima cosa, interrogare l'Emerita. Già, una parola, perché la donna spesso non risponde al suono del campanello di casa, mentre invece è molto attivo il suo cane, un bastardino ringhioso e aggressivo che si attacca ai polpacci di qualunque estraneo. E il Maccadò, dei cani, ha una fifa barbina.

Andrea Vitali

NOME D'ARTE DORIS BRILLI

I casi del maresciallo Ernesto Maccadò

La notte del 6 maggio 1928, i carabinieri di Porta Ticinese a Milano fermano due persone per schiamazzi notturni e rissa. Uno è un trentacinquenne, studente universitario provvisto di tesserino da giornalista. Interrogato, snocciola una lista di conoscenze che arriva fino al direttore del «Popolo d'Italia», quel Mussolini fratello di… per accreditare la sua versione, ovvero che è stato fatto oggetto di adescamento indesiderato. L'altra è una bella ragazza che, naturalmente, sostiene il contrario. Ma amicizie per farsi rispettare non ne ha, e soprattutto non ha con sé i documenti, per cui devono crederle sulla parola circa l'identità e la provenienza: Desolina Berilli, in arte, essendo cantante e ballerina, Doris Brilli, di Bellano.
E dunque, la mattina dopo, la ragazza viene scortata al paese natio. Che se ne occupi il nuovo comandante, tale Ernesto Maccadò, giovane maresciallo di origini calabresi giunto sulle sponde del lago di Como da pochi mesi.
E lui, il Maccadò, turbato per il clima infausto che ha spento l'allegria sul volto della fresca sposa Maristella, coglie al volo l'occasione per fare il suo mestiere, ignaro delle complicazioni e delle implicazioni che il caso Doris Brilli è potenzialmente in grado di scatenare.

Andrea Vitali

CERTE FORTUNE

I casi del maresciallo Ernesto Maccadò

Alle prime ore del 5 luglio 1928, come concordato, Gustavo Morcamazza, sensale di bestiame, si presenta a casa Piattola. Il Mario e la Marinata, marito e moglie, non avrebbero scommesso un centesimo sulla sua puntualità. Invece il Morcamazza è arrivato in quel di Ombriaco, frazione di Bellano, preciso come una disgrazia, portando sull'autocarro il toro promesso. Il toro serve alla Marinata, che da qualche anno ha messo in piedi un bel giro intorno alla monta taurina: lei noleggia il toro e poi lucra sulla monta delle vacche dei vicini e sulle precedenze, perché, si sa, le prime della lista sfruttano il meglio del seme. Ma con un toro così non ci sarebbero problemi di sorta. Se non lo si ferma a bastonate è capace di ingravidare anche i muri della stalla. Almeno così lo spaccia il Morcamazza, che ha gioco facile, perché la bestia è imponente. Ma attenzione: se un animale del genere dovesse scappare, ce ne sarebbe per terrorizzare l'intero paese, chiamare i carabinieri, o solleticare il protagonismo del capo locale del Partito, tale Tartina, che certe occasioni per dimostrare di saper governare l'ordine pubblico meglio della benemerita le fiuta come un cane da tartufo.
E infatti...

Dal catalogo

Garzanti

Andrea Vitali

UN UOMO IN MUTANDE

I casi del maresciallo Ernesto Maccadò

12 aprile 1929. È la volta buona. Capita di rado, ma quando è il momento l'appuntato Misfatti si fa trovare sempre pronto. Dipende dall'uzzolo della moglie, che stasera va per il verso giusto. E così, nel piatto del carabiniere cala una porzione abbondante di frittata di cipolle. Poi un'altra, e una fetta ancora, e della frittata resta solo l'odore. Che non è buona cosa, soprattutto perché ha impregnato la divisa, e chi ci va adesso a fare rapporto al maresciallo Ernesto Maccadò? Per dirgli cosa poi?, che durante la notte appena trascorsa è stato trovato il povero Salvatore Chitantolo mentre vagava per le contrade mezzo sanguinante e intontito, dicendo di aver visto un uomo in mutande correre via per di là? Sì, va be', un'altra delle sue fantasie. In ogni caso la divisa ha bisogno di una ripulita. Come quella di cui avrebbero bisogno certe malelingue, che non perderebbero l'occasione di infierire sullo sfortunato Salvatore ventilando l'idea di rinchiuderlo in un manicomio. Ma, un momento, che ci faceva esattamente un uomo in mutande, in piena notte, per le vie del paese? E perché correva?

Dal catalogo

Garzanti

Andrea Vitali

NESSUNO SCRIVE AL FEDERALE

I casi del maresciallo Ernesto Maccadò

Le rive del lago di Como sono punteggiate di paesi dove non succede granché. Tranne a Bellano. Nell'ultimo anno e mezzo circa, il Federale del fascio ha dovuto sostituire già due segretari della sezione locale del partito. Il primo a saltare è stato Bortolo Piazzacampo, detto Tartina, per una vicenda legata alle bizzarrie di un toro chiamato Benito in cui il Tartina si è distinto per insipienza. Il secondo è stato Aurelio Trovatore, che ha deciso di accasarsi in quel di Castellanza preferendo l'amore al destino fatale della patria fascista. Ora ha nominato tale Caio Scafandro, un pezzo d'uomo che usa le mani larghe come badili per far intendere le proprie ragioni. Ma nel suo passato c'è qualche fantasma. Basterebbe una parolina sussurrata all'orecchio del Federale e anche lui farebbe la fine dei precedenti. Per questo, lo Scafandro ha preso le sue contromisure senza preoccuparsi di sconfinare in quel territorio dell'illegalità presidiato dalle forze dell'ordine. E lì appunto si trova il maresciallo Ernesto Maccadò. La mattina del 20 novembre 1929 il maresciallo scampa per un pelo a una disgrazia per via di un oggetto metallico scaraventato giù in contrada da un potenziale assassino. E chi sarà mai quell'imbecille?

Andrea Vitali

UN BELLO SCHERZO

I casi del maresciallo Ernesto Maccadò

Sembrerebbe impossibile, ma anche al caffè dell'imbarcadero di Bellano capita che per una giornata intera entri solo qualche sparuto cliente. Come martedì 5 marzo 1935. Per tirare sera l'oste Gnazio Termoli deve inventarsele tutte, fino a lavare e rilavare bicchieri già puliti. Ma al calare delle prime ombre, al molo attracca una motonave della Milizia confinaria da cui scendono tre uomini vestiti di nero. Modi spicci e poche parole che incutono terrore. Dopo alcuni minuti i tre militi, infilatisi nell'intrico delle contrade, riappaiono al molo. Tra loro, sorretto per le ascelle e trascinato come un peso morto, c'è il povero maestro Fiorentino Crispini. Caricatolo brutalmente a bordo, l'imbarcazione riprende il largo in direzione di Como. E il Gnazio? Come tutti sanno, meglio farsi i fatti propri, ma in questo caso... Il maestro Crispini... Come è possibile? Come immaginare che possa aver meritato un arresto del genere? Unica soluzione: affidare la patata bollente ai carabinieri. Se la veda il maresciallo Ernesto Maccadò con quelli della Milizia. Capisca insomma cosa è successo e, se ci riesce, riporti a casa il Crispini.

Finito di stampare nel mese di ottobre 2021
da Grafica Veneta s.p.a., Trebaseleghe (PD)

Questo libro è stampato col sole

Azienda carbon-free